## DÉFENSE DES INTÉRÊTS PUBLICS

# INSUFFISANCE ABSOLUE

### DE LA

# C<sup>ie</sup> PARIS-LYON-MÉDITERRANÉE

AGISSEMENTS DE CETTE COMPAGNIE

## REMÈDES A LA SITUATION

APPEL AUX CHAMBRES DE COMMERCE, — AUX INDUSTRIELS, — AUX CONSOMMATEURS.

SAINT-ÉTIENNE

IMPRIMERIE DE V<sup>e</sup> THÉOLIER ET C<sup>ie</sup>

Rue Gérentet, 12.

1872

# DÉFENSE DES INTÉRÊTS PUBLICS

# INSUFFISANCE ABSOLUE

## DE LA

# C^IE PARIS-LYON-MÉDITERRANÉE

AGISSEMENTS DE CETTE COMPAGNIE

## REMÈDES A LA SITUATION

APPEL AUX CHAMBRES DE COMMERCE, — AUX INDUSTRIELS,
— AUX CONSOMMATEURS.

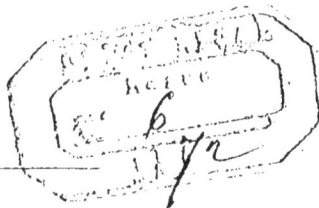

SAINT-ÉTIENNE
IMPRIMERIE DE V^e THÉOLIER ET C^ie
Rue Gérentet, 42.
—
1872

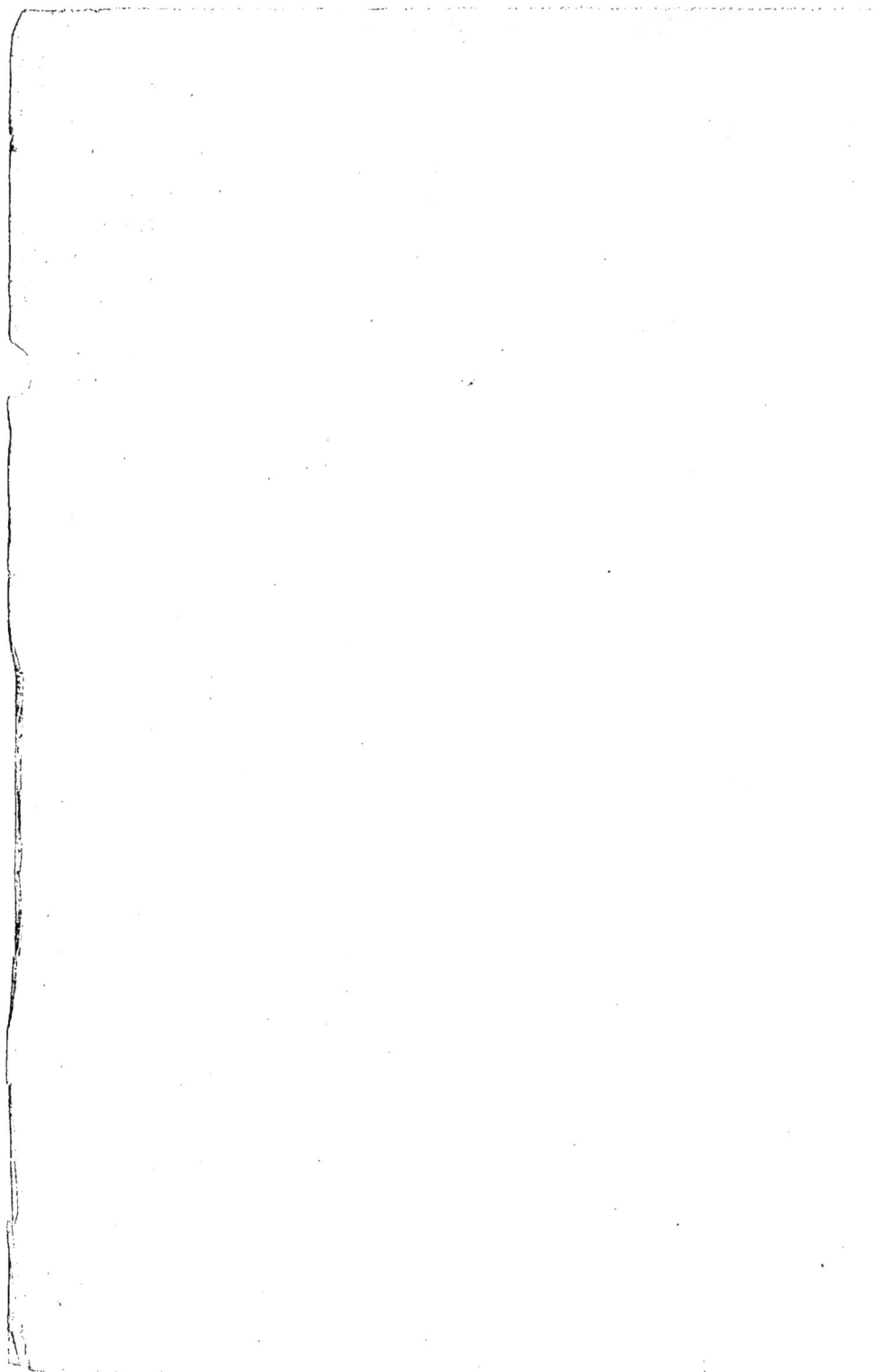

## DÉFENSE DES INTÉRÊTS PUBLICS

## INSUFFISANCE ABSOLUE

### DE LA

# Cⁱᵉ PARIS-LYON-MÉDITERRANÉE

### AGISSEMENTS DE CETTE COMPAGNIE

*Appel aux Chambres de Commerce, — aux Industriels,
aux Consommateurs.*

La brochure que vient de publier un industriel du bassin de la Loire, sur l'état actuel des transports par les chemins de fer, reproduit très-fidèlement l'opinion publique, et les dangers qu'elle signale au gouvernement sont aussi grands qu'incontestables ; mais, à notre avis, cette brochure n'a pas mis suffisamment en relief les causes multiples de l'insuffisance actuelle et a indiqué, d'une manière trop générale, les moyens d'y remédier ; nous venons remplir cette lacune.

Et tout d'abord nous constatons qu'il appartient à nous, exploitants de mines, industriels et consommateurs, de faire valoir le traité intervenu entre le public et les Compagnies et à nous défendre contre toute infraction au cahier des charges qui est la loi des parties.

Nous demandons avec l'auteur de la brochure que l'Etat cesse de s'immiscer dans des discussions qui ne le concernent pas et ne vienne pas, par des arrêtés contraires à la légalité et à l'équité, modifier des droits écrits dans les contrats.

Ceci dit : quelles sont, en ce qui concerne la Compagnie de Paris-Lyon-Marseille, les causes de la situation actuelle? elles sont :

1° L'insuffisance constante, depuis plus de dix ans, du matériel de transport.

2° L'insuffisance du développement des gares et des voies de classement et d'évitement.

3° L'excès de centralisation et les arrêtés du 11 avril et du 10 octobre 1871.

4° La lenteur apportée au déchargement des wagons ; leur transformation en magasin dans les gares ; l'insuffisance des droits de stationnement.

5° Le fait que la Compagnie de Paris-Lyon-Marseille est sans concurrence ; qu'elle a tué avec ses tarifs différentiels la navigation fluviale ; qu'elle est par conséquent maîtresse absolue de la situation.

Nous allons, en quelques mots, apprécier l'importance de chacune de ces causes et nous indiquerons ensuite les remèdes, le remède immédiat, le remède définitif.

## § 1.

### Insuffisance constante du matériel de transport.

Le rédacteur de la note dit avec raison que, depuis

plus de dix ans, le bassin houiller se plaint de l'insuffisance du matériel ; mais il faut donner à la commission nommée par le Corps législatif des dates et des
preuves.

On nous communique une lettre, à la date du 24
décembre 1861, adressée par M. Courtin, directeur
de la Société anonyme des houillères de Saint-
Etienne, à M. Schneider, gérant du Creusot ; nous
en extrayons les passages suivants :

« Notre Société produit actuellement par an
« 3,600,000 quintaux métriques.

« C'est une augmentation sur les dernières années ;
« mais c'est une diminution sur l'année 1854, et
« surtout sur l'année 1855 qui a produit 3,800,000
« quintaux métriques.

« En résumé, le mouvement par wagon de la
« Société des houillères de Saint-Etienne exige :

« En été, du mois de mars à fin septembre,
« 3,000 wagons par mois ; en hiver, du mois d'oc-
« tobre à fin février, 3,500 wagons par mois. Pour
« la saison d'été, nous avons reçu les quantités ci-
« dessus ; pour la saison d'hiver, nous avons reçu :

« En octobre . . . . . . . 2956 wagons.
« En novembre . . . . . . 2658 —
« 1re quinzaine de décembre 1148 —

« En d'autres termes, au lieu d'une augmentation
« de 17 % dont nous aurions eu besoin pendant la
« saison d'hiver, on nous a fait subir une diminution
« qui, dans la première quinzaine de décembre, a
« atteint 23 %.

« Ce qui constitue entre les besoins et les moyens
« de les satisfaire une différence de 40 %.

« Il n'est pas facile de se faire une idée, quand on
« n'est pas sur les lieux, des embarras qui résultent
« de cette situation. La plupart des usines ont man-
« qué ou sont sur le point de manquer de combus-
« tible. L'administration de la marine réclame chaque
« jour des charbons pour ses navires ; notre usine
« de Givors est réduite, depuis un mois, à moitié
« travail et n'est pas toujours alimentée.

« L'insuffisance se reproduit toutes les années, et
« plus les réseaux de la Compagnie du chemin de
« fer se développent, plus il faut s'attendre à la voir
« s'augmenter. La Compagnie du chemin de fer aura
« toujours intérêt, au moment où les transports
« abondent, à sacrifier les marchandises qui paient
« un faible tarif, comme la houille, pour faciliter le
« transport tantôt des blés, tantôt des vins, tantôt
« d'autres matières qui paient un prix plus élevé. »

Cette appréciation d'un homme d'un incontestable
mérite et d'une rare intelligence, mort en 1862, doit
être prise en considération ; il avait prévu la situation actuelle et il condamnait d'avance les arrêts ministériels des 11 avril et 10 octobre.

Examinons maintenant à quelle époque remontent
les plaintes sur l'insuffisance du matériel.

La Société anonyme des mines de Montrambert et
la Béraudière assignait, le 13 novembre 1858, la
Compagnie du chemin de fer en dommages-intérêts à
raison de l'insuffisance du matériel à elle fourni pour

l'expédition de ses produits. Un jugement du tribunal de commerce de la Seine condamnait la Compagnie du chemin de fer, le 11 avril 1859, à payer à la demanderesse la somme de 25,000 fr., se fondant sur ce fait qu'il était constaté que la Compagnie du chemin de fer n'avait point fourni la quantité de matériel nécessaire à l'exploitation de la Société des mines de Montrambert, que, par conséquent, elle avait contrevenu aux clauses et conditions de son cahier des charges.

Ce jugement a été confirmé par un arrêt à la date du 26 janvier 1860.

La Compagnie des mines de Roche-la-Molière et Firminy a obtenu, à la même époque et pour les mêmes causes, une condamnation de même nature.

Cinq Compagnies houillères ou industrielles du bassin (les houillères de Saint-Étienne, de Montrambert, des Grandes-Flaches, de Roche-la-Molière et Firminy et les Verreries de la Loire et du Rhône), ont, à la fin de 1861, introduit une action contre la Compagnie du chemin de fer, se fondant sur ce que la Compagnie, ne leur ayant donné que des quantités très-insuffisantes de wagons, leurs produits s'étaient accumulés et détériorés.

La Compagnie du chemin de fer se défendait par les moyens suivants :

1° A raison de la sécheresse exceptionnelle de l'année 1861, le chômage des canaux qui cesse d'ordinaire au 15 septembre, n'a cessé qu'au 15 novembre; de sorte que toutes les expéditions qui encombrent cette voie ont reflué sur la voie de fer.

2ᶜ La disette de 1861 a provoqué l'arrivage d'énormes quantités de céréales et, le 4 décembre 1861, le ministre a lancé à la Compagnie de Lyon une réquisition administrative de consacrer tous ses wagons au transport des blés.

3° La Compagnie était, dans l'automne 1861, munie d'un matériel en rapport avec les besoins prévus de la ligne ; elle possédait 20,000 wagons à marchandises et elle en avait commandé 4,200 nouveaux, dont la livraison s'est fait attendre.

Malgré toutes ces exceptions de force majeure, le tribunal de commerce de la Seine condamna la Compagnie à des dommages-intérêts envers les cinq demandeurs.

Le chiffre alloué aux houillères de Saint-Etienne, par le jugement de          1862, fut de 5,900 fr.

A l'appui de nos réclamations nous pouvons citer des documents nombreux et concluants :

Le 6 décembre 1859, une pétition était remise au préfet de la Loire pour se plaindre de l'insuffisance de matériel.

Nous en extrayons le passage suivant :

« Nous avons l'honneur de vous rappeler, Mon-
« sieur le préfet, la crise de 1858. On a vu alors, par
« l'insuffisance et la mauvaise organisation du service
« du chemin de fer, l'exploitation de la houille arrêtée
« dans son essor, obligée de se restreindre sur la
« plupart des points, entièrement suspendue sur d'au-
« tres ; les usines réclamer vainement les approvi-
« sionnements nécessaires et des ateliers importants
« se fermer. Des villes ont été sur le point de voir

« l'éclairage au gaz leur faire défaut et *Lyon n'échap-*
« *pait à ce danger qu'à l'aide de mesures exception-*
« *nelles provoquées par le préfet du Rhône.*

« Sans doute les tribunaux sont ouverts aux inté-
« rêts lésés, mais la Compagnie a su, jusqu'à ce jour,
« rendre illusoire le recours à la justice à l'aide des
« exceptions soulevées en son nom et des lenteurs
« attachées aux différents degrés de juridiction,
« qu'avec elle il faut nécessairement épuiser, en telle
« sorte, que les procès nés en 1858 sont encore
« aujourd'hui pendants devant la cour impériale de
« Paris sur une question d'incompétence.

« Il y a, par l'étendue même du mal, par la géné-
« ralité de l'infraction que nous reprochons à la Com-
« pagnie du chemin de fer, et qui affecte une con-
« trée toute entière, une de ces situations où l'intérêt
« public est tellement engagé que l'administration,
« armée de toute la force que lui donnent les lois sur
« les chemins de fer, doit apporter un prompt et
« énergique remède. Nous demandons au gouverne-
« ment de veiller et de nous éviter, par une inter-
« vention énergique, le retour de ces crises périodi-
« ques qui entraînent avec elles de si déplorables con-
« séquences.

En 1860, la Chambre de commerce de la Loire
signalait au ministre l'insuffisance des moyens de
transport, mis par la Compagnie du chemin de fer,
à la disposition des diverses industries du pays.

Le 2 janvier 1860, en réponse à une lettre qui lui
était adressée par le comité, M. Fénéon, ingénieur en
chef du contrôle à Avignon, répondait :

« Aussitôt la réception de votre lettre, j'ai chargé
« l'inspecteur de l'exploitation commerciale du che-
« min de fer de me fournir les renseignements que
« vous désirez.

« Il y a réellement eu dans les principales gares du
« réseau et particulièrement sur la rive droite du
« Rhône un grand encombrement de marchandises,
« depuis le milieu d'octobre ; il est dû surtout à
« l'énorme importance qu'ont pris les transports des
« vins de la dernière récolte. »

Le Comité des Houillères, au mois de septembre
de la même année, adressait au ministre une lettre
de laquelle est extrait le passage suivant :

« Nous n'avons pas besoin d'insister auprès de
« Votre Excellence sur les inconvénients qui s'atta-
« chent à un tel régime et sur l'atteinte dont il frappe
« une région qui vit surtout de son industrie et de
« son commerce.

« Nous nous bornons à dire qu'ils empruntent
« cette année à des circonstances spéciales une gra-
« vité plus grande encore que celle qu'ils ont présen-
« tée pendant les années précédentes.

« Votre Excellence voudra bien se rappeler que
« déjà, pendant les mois de janvier et février, la cir-
« culation sur le chemin de fer a été interrompue
« par la chute d'une partie du tunnel de Terrenoire,
« et apprécier les pertes énormes qu'ont éprouvées à
« cette occasion l'industrie des houilles et toutes les
« consommations qui s'y rattachent ; il serait déplo-
« rable que la même année vit, par l'insuffisance des
« moyens de transport, se produire des embarras
« analogues.

« Nous avons l'honneur d'appeler votre attention
« sur un état de choses qui constitue une violation
« flagrante, par la Compagnie du chemin de fer,
« des obligations que lui impose son cahier des
« charges. »

Le 15 octobre 1861, nouvelle pétition au préfet de
la Loire :

« Sans doute la Compagnie du chemin de fer voit,
« chaque année, son immense trafic s'accroître et,
« quelquefois même, dans certaines circonstances
« données, prendre des proportions extraordinaires.

« Ce sont là les éléments qui font sa prodigieuse
« prospérité, mais cette prospérité même lui impose
« le devoir d'être *prévoyante*, et de maintenir cons-
« tamment, par des augmentations de matériel faites
« en temps utile, son service au niveau des besoins.

« Est-ce trop demander à la Compagnie que d'exi-
« ger d'elle, en retour du prix énorme que nous
« payons, l'exécution rigoureuse de ses obligations,
« et ce service régulier dont notre arrondissement
« semble, par une fatalité étrange, exceptionnellement
« deshéritée. »

Le 19 décembre, le préfet de la Loire répondait :

« J'ai fait connaître vos plaintes à M. le Ministre
« des travaux publics ; par lettre du 16 de ce mois,
« Son Excellence m'informe qu'elle a mis la Compa-
« gnie du chemin de fer en demeure de prendre
« immédiatement les mesures nécessaires, afin de
« mettre le matériel de la ligne du Bourbonnais en
« rapport avec les besoins du trafic.

« Son Excellence fait remarquer, d'ailleurs, que

« l'insuffisance momentanée de wagons a eu prin-
« cipalement pour cause des transports considéra-
« bles de céréales que la Compagnie a effectués entre
« Paris et Lyon. »

Le 25 janvier 1862, le Ministre des travaux publics écrivait au Président de la Chambre de commerce : « Sa Majesté ayant donné l'ordre de me
« renvoyer directement la pétition dont il s'agit comme
« rentrant dans les attributions de mon département,
« je l'ai fait examiner par M. l'ingénieur en chef du
« contrôle du réseau du Bourbonnais, et il résulte
« du rapport qui m'est fourni à cet égard par ce
« fonctionnaire, que la Compagnie de Paris-Lyon n'a
« pu mettre en service un matériel suffisant à raison,
« d'une part, des retards qu'elle a éprouvés dans la
« livraison des 4,228 wagons commandés par elle ;
« d'autre part, du transport urgent et tout à-fait ex-
« ceptionnel des céréales, effectué d'ailleurs par
« préférence à tout autre, sur ma réquisition.

« Il pourrait être dans l'intérêt des industriels et
« dans celui des directeurs de mines d'établir, à leurs
« frais, un matériel spécial de transport dont ils au-
« raient la libre disposition, et pour la circulation
« duquel ils n'auraient à payer qu'un tarif réduit à
« débattre avec la Compagnie du chemin de fer. »

Nous donnerons à la fin de cette note notre
appréciation sur le mode indiqué par le Ministre :
cette appréciation sera, d'ailleurs, celle du Comité des
Houillères de la Loire, transmise au Préfet le 13
février 1862, et au Ministre des travaux publics le 22
du même mois.

La Société anonyme des Houillères de St-Etienne a, en 1865, intenté un procès à la Compagnie du chemin de fer par le motif que cette Compagnie avait, à différentes reprises, pendant une journée ou pendant plusieurs jours consécutifs, fait des livraisons de matériel inférieures aux demandes de la Société ; qu'elle avait, à certains moments et notamment pendant les jours fériés, compensé les déficits par des excédants et qu'il était résulté de ce fait, d'une part, des frais d'entassement et de désentassement anormaux ; d'autre part, une moins-value notable dans la valeur vénale des produits.

L'arbitre nommé par le tribunal de commerce décida, non pas que la demande était mal fondée, mais qu'elle n'était pas suffisamment justifiée.

Le tribunal de commerce homologua le rapport et condamna la Société des Houillères aux dépens.

Sur l'appel de la Société, la Cour de Paris, par son arrêt du 7 août 1868 « a ordonné la restitution « de l'amende consignée sur l'appel principal, con- « damné la Compagnie de Lyon aux dépens et à « l'amende de son appel incident, et compensé les « dépens de première instance et d'appel principal. »

Si nous rappelons ces faits, c'est parce que la Compagnie de Paris-Lyon, par l'organe de M. Couche. inspecteur général du contrôle en 1868, a fait valoir non pas l'arrêt de la Cour qu'elle se serait bien gardée de produire, mais le jugement du tribunal de la Seine, alors que le département entier demandait la création d'une seconde voie ferrée de St-Etienne à Givors et Lyon.

Et à ce propos nous ne pouvons nous dispenser de reproduire ce paragraphe d'un mémoire publié par M. Bayle en 1869.

« Qu'on nous permette de dire que si les tribunaux « de commerce sont, comme le prétend M. Couche, « très-sévères pour la Compagnie du chemin de fer, « les arbitres de Paris ont pour elle une tendresse « sans égale. Nous avons, en effet, sous les yeux plu- « sieurs rapports d'arbitres, notamment ceux relatifs « aux instances de 1861 et 1865, et nous y lisons « *que la Compagnie du chemin de fer a créé les in-* « *dustries et les fait vivre, et qu'elles font preuve* « *envers elle de la plus noire ingratitude.* »

Le 19 octobre 1866, dans une lettre adressée au Ministre, le Comité des Houillères de la Loire élevait une nouvelle réclamation ; il disait :

« Depuis le commencement de septembre, la Com- « pagnie des chemins de fer ne satisfait point au « transport des produits que les houillères ont à « expédier chaque jour, et, sur le nombre de wagons « demandés, ne livre qu'une partie fort inférieure « aux besoins et arbitrairement déterminée par elle.

« On a vu, en même temps, que le manque de « wagons dont souffrait le bassin de la Loire avait « sa cause, *non-seulement* dans l'insuffisance et dans « le mouvement mal réglé du matériel, *mais encore* « *dans la préférence donnée par la Compagnie* aux « produits venant du Midi.

« *Le gouvernement est alors intervenu, imprimant* « *à la Compagnie une impulsion salutaire ; d'un au-* « *tre côté, la jurisprudence des Cours a proclamé*

« qu'investie d'un monopole, cette Compagnie devait
« satisfaire à tous les besoins et a sanctionné ce
« principe par des dommages-intérêts. (Voir entr'au-
« tres un arrêt de la Cour de Paris, du 27 décembre
« 1862.) La Compagnie du chemin de fer a paru
« enfin, à l'aide de quelques efforts, arriver au ni-
« veau de ses obligations ; et, jusqu'à ces derniers
« temps, son service n'a montré que de faibles ré-
« clamations.

« Le bassin de la Loire avait espéré que le passé
« mauvais, traversé par lui antérieurement à 1863,
« ne se reproduirait plus ; il voit, avec inquiétude,
« les mêmes causes apparaître, les mêmes effets se
« renouveler, et la crise d'aujourd'hui ne différer
« des crises précédentes *qu'en ce qu'elle a commencé*
« un mois plus tôt ; il en souffre et il s'alarme pour
« l'avenir. »

A cette lettre le Ministre des travaux publics répondait, le 24 décembre 1866. Nous extrayons de
sa lettre les passages qui suivent :

« J'ai chargé les fonctionnaires du contrôle de me
« rendre un compte exact de l'état des choses ; il
« résulte de leurs rapports que, si la Compagnie a
« éprouvé quelques difficultés à suffire aux demandes
« des mines pendant les trois derniers mois qui
« viennent de s'écouler, cela tient à l'accroissement
« considérable qui s'est manifesté à la même époque
« dans le trafic des houilles provenant des bassins
« de Saint-Etienne et de Rive-de-Gier.

« La Compagnie annonce, du reste, qu'elle est
« aujourd'hui maîtresse de la situation, et qu'à moins

« de circonstances imprévues, elle pourra faire face
« à tous les besoins du commerce. Je n'ignore pas,
« au surplus que, tout en recourant à l'intervention
« administrative, les intéressés n'ont pas négligé
« d'intenter à la Compagnie une action judiciaire
« pour obtenir la réparation du dommage que leur
« ont fait éprouver les retards momentanés dans la
« livraison des wagons.

« C'est là, je dois le dire, le meilleur moyen que
« doivent employer les expéditeurs pour obtenir un
« résultat satisfaisant. »

En 1869, la grève du bassin houiller a permis à
la Compagnie du chemin de fer de satisfaire à ses
engagements.

Pour les années 1870 et 1871, chacun sait comment ils ont été tenus.

Nous pouvons conclure de ces documents que l'insuffisance du matériel est notoire.

Elle est démontrée, en effet, par les procès jugés
ou en cours d'instance, par les vœux répétés du conseil général de la Loire, par les plaintes de la Chambre de commerce, du Comité des Houillères de la
Loire et des industriels de ce département, par les
trente mille signatures apposées sur la demande en
concession d'un nouveau chemin de fer entre Saint-
Etienne, Givors et Lyon, *par la situation actuelle
surtout.*

L'insuffisance date de 1858 ; depuis treize ans on
n'a rien fait pour y rémédier.

La production s'accroît chaque année, et chaque
année de nouveaux réseaux sont ouverts. La Compa-

gnie osera-t-elle soutenir qu'elle a mis son matériel
en harmonie avec l'augmentation de production et
avec l'accroissement de trafic donné par les réseaux
nouveaux ?

Nous savons que son matériel par kilomètre est
supérieur à celui des autres Compagnies, et Monsieur
le Ministre des travaux publics nous a donné, dans
une audience qu'il a bien voulu nous accorder, cette
supériorité comme une preuve du bon vouloir de la
Compagnie de Paris-Lyon.

Mais il ne s'agit pas de savoir si cette Compagnie
a dix ou douze wagons par kilomètre, il s'agit de
savoir si vingt ou trente ne sont pas nécessaires à son
trafic.

Elle a plus de wagons par kilomètre que ses voi-
sins ; c'est fort bien, et nous l'admettons.

*Il faut qu'elle en ait assez pour satisfaire à ses
obligations.*

Nous lisons dans le *Bulletin du Comité des forges
de France*, n° 63 (15 décembre 1871), ce qui suit :

« Il résulte de ce tableau que la moyenne de l'ef-
« fectif des chemins anglais est de 21 wagons de
« marchandises par mille exploité ou de 13 *wagons
« par kilomètre exploité.* Nous avons donné, dans
« le bulletin 56, un tableau analogue pour la France
« à la fin de 1869 ; nous y trouvons que les che-
« mins de fer français ne comptent que 125,965
« wagons à marchandises, *de toute espèce,* pour 16,920
« kilomètres exploités, soit 7,44 par kilomètre.

« Un écart aussi considérable n'est pas justifié par
« la différence de trafic dans les deux pays, surtout

« si l'on considère que le transport des houilles et
« des marchandises lourdes, en Angleterre, est effec-
« tué presque partout par la batellerie et le cabo-
« tage.

« Ces chiffres éloquents montrent combien les
« Compagnies de chemin de fer sont loin de donner
« au commerce et à l'industrie la satisfaction qu'ils
« réclament, sous le rapport de l'effectif du matériel
« roulant. »

Nous ajouterons que les six Compagnies anglaises,
qui ont des trafics comparables comme importance
à ceux de la Compagnie de Paris-Lyon, ont à leur
disposition une moyenne dépassant vingt wagons de
marchandises par kilomètre exploité.

Quand la Compagnie de Paris-Lyon aura un matériel calculé sur ces bases, les plaintes cesseront ;
elle s'enrichira en enrichissant l'industrie.

Cette Compagnie, pour justifier et atténuer tout au
moins son insuffisance, se retranche derrière l'irrégularité des expéditions ; elle prétend que, d'une semaine à l'autre semaine, on constate dans ces expéditions des différences de 40 % et que ces différences
expliquent pourquoi elle ne peut satisfaire à toutes
les demandes.

Mais l'irrégularité existe sur tous les réseaux ; elle
est incontestablement moindre dans le bassin de la
Loire que partout ailleurs ; ainsi les transports des
céréales, des vins, des betteraves, etc., etc., n'ont
lieu qu'à une époque déterminée et cessent complètement ou presque complètement après cette époque ;
faut-il conclure de là que la Compagnie du chemin

de fer est foudée à ne pas donner satisfaction à ces transports ?

Les articles 49 et 50 du cahier des charges sont suffisamment explicites à cet égard ; et si la Compagnie de Paris-Lyon a le monopole exclusif des transports, c'est à la condition de satisfaire à tous les besoins de commerce, quels qu'ils soient, de n'en laisser jamais aucun en souffrance à aucune époque de l'année.

Mais ces besoins momentanés exigeant un accroissement subit de matériel ne lui sont pas connus d'hier ; ils se représentent chaque année dans les mêmes conditions, et si, à ces situations périodiques parfaitement prévues, la Compagnie ne cherche pas à opposer un remède un peu onéreux peut-être, mais à coup sûr fort simple, l'augmentation calculée de son matériel, elle est responsable des conséquences de sa négligence ou de son mauvais vouloir.

Si on s'en rapporte aux feuilles hebdomadaires fournies aux exploitants par la Compagnie du chemin de fer, on voit que les livraisons de matériel sont singulièrement réduites depuis 1868.

Les livraisons annuelles, d'après ces feuilles, sont :

| Année 1867 | 309,430 |
| 1868 | 340,068 |
| 1869 | 320,444 |
| 1870 | 333,411 |
| 1871 | 298,900 |

en comprenant dans le chiffre de 1871, 500 wagons pour la journée du 31 décembre non comprise dans la feuille hebdomadaire et 1,600 wagons non inscrits sur

*la répartition et appliqués par la Compagnie du che-*
*min de fer, en dehors de cette répartition, à ses four-*
*nitures de houille et d'agglomérés pendant la dernière*
*semaine.*

Et de ce tableau il résulte : 1° que la livraison est
beaucoup plus faible en 1871 que pendant les quatre
années précédentes et se rapproche de celle de 1866,
qui était de 295,148 wagons ; 2° que la livraison
maximum a eu lieu en 1868 ; et ces chiffres compa-
rés démontrent de la façon la plus péremptoire ce
que nous avons affirmé déjà, savoir : « que la Com-
« pagnie du chemin de fer ne s'est jamais préoccupée
« du développement de l'industrie et de l'ouverture
« de nouveaux réseaux, et qu'elle n'a rien fait depuis
« six ans, malgré des plaintes incessantes, pour amé-
« liorer la situation. »

Il résulte aussi de ce tableau que la Compagnie du
chemin de fer a livré, en 1871, 34,511 wagons de
moins qu'en 1870.

En 1870, des plaintes se sont élevées de toutes parts
contre l'insuffisance du matériel. La Compagnie s'est
retranchée, pour se défendre contre les nombreux procès intentés, derrière le cas de force majeure provenant des événements et des transports anormaux et
irréguliers de la guerre.

Mais il est resté bien constant pour tous que, quels
que soient, d'ailleurs, les motifs de la pénurie des
wagons pour 1870, la Compagnie du chemin de fer
n'a point donné au commerce et à l'industrie le matériel qu'exigeaient leurs besoins ; par conséquent les
34,611 wagons manquant en 1871 sur le chiffre de

1870 représentent un stock nouveau, ou une réduction nouvelle de production d'une importance de 260,000 tonnes (deux cent soixante mille).

Examinons quels ont été les effets de l'insuffisance, en 1871.

A cet égard, nous avons pris auprès de divers exploitants du bassin des informations précises et ils ont mis à notre disposition la justification des chiffres qu'ils produisent.

Le stock à ce jour est de... 65,000 tonnes ; mais d'une part les exploitations houillères ont dû réduire à diverses époques, leur production ; et, d'autre part, les industriels, pour ne pas éteindre leurs feux et laisser leurs ouvriers sans travail, ont dû s'approvisionner par tous les moyens possibles, si onéreux qu'ils pussent être pour eux.

Ainsi nous constatons les faits suivants :

*Réduction de production et enlèvements exceptionnels par voitures.*

La Société anonyme des houillères de Saint-Etienne justifie que les puits Saint-Louis et Saint-André, dont la production journalière moyenne était de 600 tonnes, n'ont travaillé que trois jours par semaine du 21 janvier au 2 mars 1871, et du 16 au 24 mars 1871. La différence de production pour cette période est de 16,000 tonnes au moins (28 jours de travail, multipliés par 600 tonnes).

Cette réduction était due uniquement à l'encombrement des plâtres ainsi que le constatent les actes extra-judiciaires, signifiés par la Société à la Compagnie du chemin de fer et les inventaires mensuels des houilles sur plâtre.

Elle affirme, en outre, que le défaut de matériel ralentit depuis quatre mois sa production et que la réduction est d'au moins 12,000 tonnes.

Elle donne la preuve que la Compagnie du Creusot a mis à sa disposition depuis le 1ᵉʳ octobre 1871 jusqu'au 1ᵉʳ janvier 1872 une partie de son matériel de transport, ce qui lui a permis d'expédier, en dehors de la livraison de wagons qui lui a été faite par la Compagnie du chemin de fer, 459 wagons représentant un tonnage de 3,500 tonnes.

Elle fournit également la preuve que les usines situées dans un rayon de quinze kilomètres ont enlevé, par voitures pendant les quatre derniers mois de l'année 1871, contrairement à leurs habitudes, et à des prix très-onéreux pour elles, une quantité de 3,500 tonnes, d'où il résulte que pour la Société des Houillères de Saint-Etienne seule :

Le stock est de. . . . . . . . . . 6,000 tonn.

La réduction de production a été du 21 janvier au 24 mars. . . . . . . 16,000 d°.

La réduction de production a été pendant les quatre derniers mois. . . 12,000 d°.

Les enlèvements par le matériel du Creuzot ont été de. . . . . . . . . 3,500 d°.

L'enlèvement exceptionnel par voitures, du 1ᵉʳ octobre au 31 décembre, est de. . . . . . . . . . . . . . . 3,500 d°.

Total. . . . . 41,000 tonn.

La Société des houillères de Montrambert a un stock de . . . . . . . .  20,000  d°.

Sa production a été réduite du 1ᵉʳ
janvier au 30 avril de . . . . . . . .  24,000  d°.

Sa production pendant les quatre
derniers mois a été réduite dans d'assez
fortes proportions.

} *pour Mémoire.*

Les enlèvements par voitures ont
été exceptionnels.

Total. . . . .  44,000 tonn.

La Société anonyme des houillères
de Rive-de-Gier a un stock de. . . .  10,000  d°.

Elle a expédié au Creuzot avec le
matériel de cette usine du 1ᵉʳ octobre
au 31 décembre 1871. . . . . . . .  1,800  d°.

Les enlèvements par voitures ont
pris des proportions énormes et attei-
gnent dans les deux derniers mois un
chiffre de 15,000 tonnes, ce qui constitue une différence sur la normale de.  7,000  d°.

Total. . . . .  19,000 tonn.

en chiffres ronds.

La Compagnie des mines de Saint-Chamond
affirme avoir du 1ᵉʳ avril au 1ᵉʳ novembre 1871 man-
qué une journée par semaine dans la plupart de ses
puits à raison du manque de matériel.

Sa production, par ce fait, se trouve réduite d'après
elle, à 29,000 tonnes au lieu de 35,000, d'où :

Réduction de production . . . . .     6,000 tonn.

Les expéditions par voitures ont été:

En 1868, de. . . . .    1,920 tonn.

En 1869, de. . . . .    3,176 d°.

En 1870, de. . . . .    6,200 d°.

En 1871, de. . . . .    8,456 d°.

Les différences constatées sont uniquement dues au manque de matériel en 1870 et 1871 et si l'on compare le chiffre de 1871 à la moyenne des deux années 1868 et 1869 (2458) on arrive à ce résultat que les enlèvements exceptionnels par voitures se sont élevés en 1871 à . . . . . . . . . . . . . . .    4,908   d°.

Total. . . . .    10.908 tonn.

soit en chiffres ronds 11,000 tonnes.

Les houillères de la Loire et de Beaubrun ont fait au Creuzot des expéditions avec le matériel de cette usine ; le chiffre ne nous a pas été communiqué

Les approvisionnements des petites industries et des consommateurs de charbons de chauffage pour les localités de Sury, de Montrond, de Chazelle et à 20, 30 et 40 kilomètres de Saint-Etienne, se font par voitures à un prix double ou triple du prix normal de ces approvisionnements.

Diverses mines ont des stocks variant de 500 tonnes à 2,000 tonnes, et affirment que la faiblesse de leurs stocks a pour cause unique une réduction de production.

En telle sorte que pour cinq sociétés houillères seulement les stocks, la réduction obligée dans la production, les enlèvements exceptionnels par voitures forment un total de plus de 180,000 tonnes.

Et malgré l'extension inouïe donnée aux transports par voitures, les usines de Saint-Chamond et de Rive-de-Gier manquent de combustibles, suspendent leurs travaux et sont sur le point de les faire cesser complètement.

On a beau payer des prix énormes, les voitures manquent; et on ne saurait, sans s'exposer à des charges trop onéreuses, se pourvoir d'un matériel qui, dans un délai de quelques mois, peut devenir inutile.

Les usines pour lesquelles ce mode de transport est impossible, à raison des distances, éprouvent des souffrances encore plus grandes et des arrêts fréquents.

Les usines Harel et C$^{ie}$ ont à supporter de longs chômages; les verreries du Rhône et de la Loire devront, dans un très bref délai, si la crise continue, mettre leurs fours hors feu; le Creusot n'a dû qu'à l'envoi de son matériel de pouvoir continuer ses travaux, mais en les ralentissant : les industries riveraines du Rhône, la navigation ayant disparu en présence des tarifs différentiels et de l'abandon complet dans lequel l'Etat a laissé la voie fluviale, sont sans ressources.

Les industries des départements de l'Est, qui prennent dans le bassin de la Loire la majeure partie de leurs combustibles, ne peuvent plus s'approvisionner.

Telle est la situation; elle demande une prompte solution.

*Et en terminant cette première partie de nos obser-vations nous rappellerons à tous les exploitants et aux tribunaux qu'en opposant à nos réclamations, en 1871, une commande importante faite par elle et les diffi-cultés d'en obtenir la livraison, la Compagnie du chemin de fer emploie un système de défense qui n'a pas le mérite de la nouveauté; c'était celui auquel elle avait recours déjà en 1858; c'est surtout son sys-tème en 1861. Elle avait (voir le rapport de l'arbitre Delahodde) commandé 4,200 wagons, mais était obligée d'attendre son tour chez les constructeurs,* d'où il faut conclure que la Compagnie du chemin de fer fait toujours tardivement ses commandes et qu'au lieu de rester toujours au niveau des besoins, elle se laisse devancer par eux.

Nous complèterons ce paragraphe par l'observation suivante :

Plusieurs usines ont fini de livrer à la Compagnie les commandes faites ; l'une d'elles, la Buire, traite en ce moment pour les chemins italiens une com-mande de mille wagons. Si la Compagnie a un matériel suffisant, c'est bien ; mais qu'elle nous le prouve ; s'il est insuffisant, pourquoi laisse-t-elle les usines françaises travailler pour les chemins étrangers.

## § 2

### Insuffisance du développement des gares et des voies de classement et d'évitement.

Cette insuffisance est notoire et admise même par la Compagnie du chemin de fer.

Elle était signalée en 1868 dans le rapport de la commission d'enquête appelée à donner son avis sur la création d'une nouvelle voie ferrée entre Saint-Etienne et Givors.

« L'encombrement de ses gares justifie encore « cette impossibilité d'augmenter le trafic ; cet en- « combrement est notoire et la Compagnie du chemin « de fer n'a pas même songé à le contester.

« Plusieurs membres de la commission ont pu « apprécier combien est grande, par exemple, l'in- « suffisance des gares de Saint-Chamond et de Grand' « Croix, en constatant qu'en ce moment les matières « expédiées aux usines doivent être déchargées et « transportées pendant la nuit. »

N'est-il pas vrai que les projets de développement des gares entre Saint-Etienne et Givors étaient, en 1868, discutés et approuvés par l'administration ; et que si le travail projeté n'a pas été réalisé c'est que la demande de la nouvelle ligne est venue en ajourner la solution ? L'encombrement actuel des gares est-il dénié ?

Si on prétend, et nous le supposons pas, que les voies de garage, de classement et d'évitement sont suffisantes, on nous expliquera sans doute les faits suivants, pris entre mille autres faits de même nature.

Comment se fait-il que les wagons nos 39,944, 61,277, 61,081, 36,925, 63,851 aient mis sept jours pour arriver de l'embranchement de Méons à celui de Monthieux (distance de 3 kilomètres) ?

Comment se fait-il que les wagons nos 32,586,

33,151, 32,280 aient mis, pour franchir la même distance, de 8 à 10 jours?

Comment se fait-il que les wagons n$^{os}$ 39,011, 63,867 aient mis huit jours pour franchir la distance de la Grand'Croix à Givors?

Comment se fait-il que le wagon n° 32,304 ait mis vingt jours pour franchir la distance de Saint-Etienne à Givors?

Comment se fait-il que des wagons aient mis 10, 12, 15 jours pour arriver du puits de la Loire au port de Bérard?

Nous pourrons multiplier les exemples empruntés aux quatre derniers mois de 1871, si la Compagnie du chemin de fer le désire; et nous offrons de lui en fournir, pour cette période, autant qu'il lui plaira d'en demander.

Mais si ces retards incroyables ne sont pas dus à la cause que nous indiquons, la Compagnie est bien coupable; car, en dehors de cette cause, nous ne voyons qu'une incurie, qu'un abus de la situation auxquels nous ne pouvons croire et que tous les arrêtés ministériels, toutes les décisions de commission ne pourraient excuser.

Les wagons expédiés par le Creusot, accompagnés par ses agents, font deux voyages par semaine; la distance étant de 237 kilomètres, ils parcourent, en un délai de 6 jours, dans lequel est compris le temps du chargement et du déchargement, 948 kilomètres, soit 158 kilomètres par jour. Il est vrai que le chargement et le déchargement s'effectuent en quelques heures.

Pourquoi la Compagnie ne pourrait-elle pas faire pour elle-même ce qu'elle fait pour le Creusot? Pourquoi avons-nous dû constater des délais de 6, 8 et 10 jours pour des distances de quelques kilomètres, et dans les mêmes conditions de chargement et de déchargement?

## § 3

**Excès de centralisation, événements imprévus, arrêtés des 11 avril et 10 octobre 1871.**

Nous nous servirons d'une comparaison qui nous permettra de rendre plus claire et plus catégorique notre appréciation.

La Compagnie du chemin de fer est une machine composée d'un nombre infini de rouages.

Si la vitesse de la machine est constante, si elle fonctionne toujours dans des conditions parfaitement déterminées, si un fait imprévu ne vient pas détériorer un de ses organes, les résultats sont excellents.

Si elle est surmenée, si les conditions de son fonctionnement sont modifiées, si le graissage des roues n'est pas toujours fait avec le même soin, un accident survient, un des rouages s'arrête.

Si même, en ce cas, un mécanicien habile rétablit immédiatement l'équilibre rompu, répare ou remplace le rouage défectueux, le mal est promptement guéri, et la machine se reprend à marcher avec la régularité première.

Mais si aucun mécanicien n'est autorisé à faire la réparation urgente ; si le conducteur de la machine est obligé de donner avis du dommage survenu à un chef résidant à 500 kilomètres, d'expliquer les causes et les détails de la réparation à faire *et d'attendre des ordres pour faire procéder à cette réparation*, six, huit, dix jours s'écoulent avant qu'on ait mis la main à l'œuvre ; et tous ceux dont l'industrie ne prospérait que par la marche de la machine sont victimes de l'éloignement du chef et du manque complet d'initiative des préposés sur les lieux.

C'est bien là l'histoire de la Compagnie du chemin de fer ; l'excès de centralisation la tue.

Elle l'avait si bien compris, il y a quelques années, qu'elle avait, dans un but de décentralisation, nommé pour tous les centres importants de trafic, des inspecteurs principaux du mouvement chargés, dans une zone déterminée, de suppléer à l'administration centrale dans un grand nombre de cas.

Pourquoi a-t-elle renoncé à cette excellente pensée qui avait eu d'ailleurs, nous devons le reconnaître, les plus heureux résultats ?

Serait-ce que les inspecteurs principaux n'étaient point à la hauteur de leur mission ? En ce cas, il fallait les remplacer.

Serait-ce que l'administration centrale a eu peur de l'extension donnée peut-être par les inspecteurs à leurs attributions dans l'intérêt du public duquel elle tient un si faible compte ? Nous ne savons.

Quoiqu'il en soit, les inspecteurs destinés à être les réparateurs des rouages détériorés sont devenus, eux-mêmes, de simples rouages sans utilité pour le public, et fort embarrassés souvent de leur propre situation.

Et un homme croit pouvoir, à l'extrémité de son immense réseau de voies ferrées, suffire seul à un pareil travail?

Il peut être le plus capable; mais eut-il l'énergie, l'intelligence, la conception de dix hommes de mérite, il ne suffirait pas; il faut à cet homme, dans certains centres, des auxiliaires sur lesquels il puisse se reposer pour les questions de détail.

Voyons maintenant quel a été l'effet des arrêtés des 10 avril et 10 octobre 1871.

Mais tout d'abord étudions les conséquences des événements qui les ont précédés; car pour nous s'ils ont aggravé la situation, ils ne l'ont pas créée.

L'employé du chemin de fer est soumis à une discipline inflexible; c'est l'ordre incarné; c'est l'homme fait horloge; c'est le rouage qui fonctionne avec la précision la plus parfaite, entraîné par le rouage qui le précède et entraînant celui qui le suit.

Les transports anormaux, irréguliers, dus à la guerre de 1870, les ordres contradictoires ont rompu l'harmonie du mécanisme; les rouages les meilleurs, obligés de tourner dans tous les sens, d'obéir aux impulsions les plus diverses, ont dû s'enchevêtrer, s'arrêter, se briser par fois.

Dix mois de perturbations constantes ont produit une complète désorganisation; et c'est au moment où chacun devait faire tous ses efforts pour hâter la réorganisation, car elle était indispensable pour la renaissance de l'industrie et du commerce, qu'est survenu l'arrêté du 11 avril.

Nous le répétons, il n'a pas créé la situation, mais il l'a aggravée en la prolongeant.

A un mal déjà trop invétéré, il fallait un prompt et énergique remède; l'arrêté a consacré le principe du mal; il a fait disparaître, sans profit pour personne, et nous pouvons dire au détriment de tous dans l'avenir, les pénalités qui pouvaient amener ou au moins activer la guérison.

L'arrêté du 10 octobre a complété l'œuvre en permettant à la Compagnie du chemin de fer d'augmenter ses recettes sans se préoccuper de rétablir l'harmonie détruite de la machine, aux employés de la Compagnie d'oublier ou plutôt de continuer à oublier la discipline et l'ordre qui faisaient la force de l'organisation, sans s'exposer à des mécomptes.

Demandez aux chefs intelligents des gares si tel n'est pas leur avis.

Le mal n'est pas sans remède, nous l'espérons; mais la guérison sera difficile et la convalescence longue, nous en avons la conviction.

Que l'on se hâte surtout! que l'on se hâte!

## § 4

### Lenteur apportée dans le déchargement des wagons, leur transformation en magasin dans les gares, l'insuffisance des droits de stationnement.

La lenteur apportée dans le déchargement des wagons tient à deux causes : 1° l'insuffisance des voies de déchargement; 2° l'intérêt qu'a la Compagnie à faire payer le magasinage sur essieux.

La transformation des wagons en magasins dans

les gares, et surtout à la gare de Paris, a une double cause : 1° l'insuffisance des droits de stationnement; 2° l'intérêt qu'a la Compagnie à laisser se faire cette transformation.

*Insuffisance des voies de déchargement.* — Cette insuffisance n'a jamais été niée; il suffit d'ailleurs, pour la constater, de visiter, surtout au moment où le trafic se développe, une gare quelconque du réseau ; quant à ses conséquences, elles sont de ne permettre que le déchargement d'un petit nombre de wagons à la fois, de faire séjourner, par conséquent, pendant plusieurs jours, un matériel appelé ailleurs par les besoins.

A cette première constatation nous en ajouterons une seconde, celle de l'insuffisance du personnel pour le déchargement ; elle existe en ce moment dans la plupart des gares. A-t-elle sa source dans les offres de la Compagnie, ou dans les exigences des ouvriers? La Compagnie pensant que l'état actuel n'aura qu'une faible durée ne veut-elle pas, par raison d'économie, augmenter son personnel ? Nous l'ignorons.

*Insuffisance des droits pour le stationnement et défaut d'intérêt pour la Compagnie du chemin de fer de le faire cesser.* — S'il s'agit d'une marchandise ayant une certaine valeur, du vin par exemple, le droit actuel de stationnement par jour, grève chaque hectolitre d'une somme si faible qu'au bout d'un mois la charge, avec l'augmentation dernière des frais de stationnement, est de cinq à six francs au plus. On comprend très-bien qu'il y a avantage pour le marchand à se servir du wagon comme entrepôt; il a, en effet, sur les frais de transport à domicile, une économie notable, puisqu'il évite la double manutention de la gare aux entrepôts et des entrepôts chez l'acheteur, puisqu'il évite aussi les frais d'entrepôt, l'avance des droits d'entrée, etc., etc.

Plus la valeur de la marchandise sera élevée, moins la charge sera lourde pour le destinataire.

Quant à la Compagnie du chemin de fer, il est facile de démontrer, et par un exemple d'hier, combien elle a peu d'intérêt à faire cesser cet état de choses.

M. Faure, huissier à Saint-Etienne, a constaté, le 30 décembre, dans un acte extra-judiciaire, la présence au port sec de Bérard, de six wagons chargés de foin, portant les numéros 50,296, 19,184, 63,524, 34,112, 36,349, 39,495 ; ces wagons arrivés à Saint-Etienne, le 30 novembre, ont été le même jour refusés par le destinataire. La Compagnie du chemin de fer les a laissés séjourner pendant plus d'un mois sur les voies, et le 5 janvier 1872 ils n'étaient pas encore déchargés.

Il est vrai que l'expéditeur a eu à subir un lourd mécompte ; la Compagnie a exigé le paiement du droit de stationnement de 5 fr. par jour, ce qui constitue une carte à payer d'un millier de francs, en dehors du transport.

A ce taux chaque wagon, sans être exposé à des avaries ou à une usure quelconque, rapporterait à la Compagnie, bon an mal an, 1,500 francs, de telle sorte que sa valeur serait remboursée en deux années ; il pourrait ensuite rendre de longs services, n'ayant pas eu à souffrir pendant ce délai.

On le voit, la Compagnie a un intérêt évident à laisser transformer ses wagons en entrepôt et le bénéfice qui résulte pour elle de cette transformation, sans s'arrêter d'ailleurs aux autres avantages qu'elle donne, est bien plus élevé que celui qui peut résulter des transports.

Aussi aurons-nous, lorsqu'il s'agira du remède, à ne point oublier qu'en augmentant le chiffre fort insuffisant des frais de stationnement il faudra défendre le public contre le profit que cherchera sans doute à tirer de cette augmentation la Compagnie du chemin de fer.

## § 5.

La Compagnie du chemin de fer de Paris-Lyon a tué la voie fluviale ; elle s'est emparée du point d'accès sur cette voie (de la gare d'eau de Givors) ; elle s'oppose avec l'énorme influence qui lui est acquise dans les conseils de l'État, à toute création nouvelle de voies ferrées ; elle est maîtresse absolue de la situation.

Avec les tarifs spéciaux et différentiels elle a tué la navigation et, *notons-le bien*, en se réservant le droit, je dirai plus, avec la pensée, lorsque le moyen de concurrence aurait disparu sous l'effet de ces tarifs, de les supprimer.

Cette pensée, elle est écrite dans la lettre adressée à la date du 9 octobre 1871, par M. Audibert, à la Chambre de commerce de Marseille, lettre dont il est utile de reproduire ici quelques passages :

« *Le seul effet de la mesure que l'on réclame, sans*
« *se rendre compte du véritable état de choses, serait*
« *d'imposer, aux Compagnies de chemins de fer, des*
« *pénalités qui leur feraient perdre, sous forme de rete-*
« *nue ou de dommages-intérêts, des sommes énormes*
« *sans profit réel pour le commerce.*

« *Personne ne supposera que les Compagnies, en*
« *présence de cette éventualité, puissent songer à main-*
« *tenir les réductions de tarif considérables qu'elles*
« *ont consenties en vue des ressources nouvelles.*

« *Elles se verraient donc obligées, pour ralentir*
« *l'affluence des marchandises et pour se laisser une*
« *marge en vue des retenues auxquelles elles seraient*
« *exposées, de supprimer leurs tarifs speciaux; à coup*
« *sûr, elles n'y perdraient pas naturellement, eu égard*
« *aux besoins de transports qui existent en ce moment,*
« *mais ce serait là une extrémité déplorable que tout*
« *le monde doit chercher à éviter.*

« Je crois, Monsieur le président, devoir appeler
« d'une manière toute particulière l'attention de la
« Chambre de commerce sur ce côté de la question. »

Ces menaces ne nous disent-elles pas en résumé :

Nous avons, grâce aux conséquences fort habile-
ment calculées de nos tarifs réduits, fait disparaître,
pour longues années, tous les moyens de transport
qui auraient permis au public de se passer de notre
réseau ; aujourd'hui, nous restons seuls en présence
de besoins croissants chaque année ; si vous ne vous
soumettez pas aux lois qu'il nous plaira de vous
imposer, nous supprimons ces tarifs réduits et nous
revenons, dans le délai le plus court, aux tarifs généraux.

Cela peut être légal, mais *à coup sûr* et *naturelle-ment* cela n'est ni équitable, ni loyal.

Et nous verrons, dans un instant, que ces menaces ne sont pas vaines et que leur réalisation est prochaine.

Pour arriver plus sûrement au but, il fallait avoir sous la main le port d'accès au Rhône.

Au cas où la navigation aurait tenté de se reconstituer pour sauvegarder les intérêts publics contre l'étreinte de fer de la Compagnie, il fallait s'emparer des points de chargement sur la voie fluviale.

La Compagnie du chemin de fer l'avait bien compris, *aussi a-t-elle acquis la gare d'eau de Givors, se réservant par ce moyen, non-seulement de créer d'insurmontables embarras aux expéditeurs par le Rhône, mais encore de rendre, quand elle jugerait le danger trop grand, l'usage de la gare d'eau impossible par l'élévation des tarifs de droit de gare et de déchargement.*

Ces faits ont été clairement exposés dans une brochure, imprimée en 1869, il importe de les rappeler.

« Il suffit, pour s'en convaincre, de jeter les yeux
« sur le tarif des droits à percevoir, annexé à l'or-
« donnance royale du 30 janvier 1831, qui porte
« concession de la gare d'eau de Givors, et de com-
« parer ce tarif au tarif actuellement perçu.

« Les droits perçus sont les suivants :

« 1° De stationnement des bateaux ;

« 2° De chargement ;

« 3° De gare.

### Stationnement des bateaux.

« L'ordonnance de concession autorise les conces-
« sionnaires à demander un centime par mètre carré
« et par 24 heures, soit pour un bateau de canal de
« Bouc ayant une surface de 234 mèt. carrés     2,34
     « Actuellement, on paye par bateau et
« par 24 heures. . . . . . . . . . . . . .     »,75
                Différence. . . . .     1,56

« De telle sorte que si le bateau reste pendant 15
« jours en stationnement, la différence se traduit par
« le chiffre de 24 fr. 40, ce qui correspond à 0 fr. 10
« par tonne ; et il faut constater que la moyenne de la
« durée de stationnement des bateaux est de 30 jours.

### Chargement

    « L'ordonnance fixe le droit de chargement, par
« tonne, à . . . . . . . . . . . . . . . . .     »,75
   « Il est actuellement de. . . . . . . . .     »,30
                Différence . . . . .     »,45

### Gare.

   « L'ordonnance fixe ce droit par tonne, à.     »,50
   « Il est actuellement de. . . . . . . . .     »,15
                Différence. . . . .     »,35

« Ainsi, la compagnie de Lyon, propriétaire de la
« gare d'eau, peut en mettant en vigueur, ce qui est
« son droit, les tarifs prévus par l'ordonnance de
« concession, augmenter les frais de mise en bateau,
« de 0 fr. 90 par tonne,

« Savoir : Droits de stationnement    »,10   ⎫
        d°. de chargement. .    »,45   ⎬ 0,90
        d°. de gare . . . . .    »,35   ⎭

La Compagnie du chemin de fer offrait, en 1869, de réduire pour Givors le tarif de transport d'exploitation à cinq centimes (tarif proposé par les demandeurs en concession d'un nouveau chemin de fer de Saint-Etienne à Givors) ; mais on voit qu'elle s'était gardée le moyen de trouver immédiatement une compensation dans l'élévation du tarif de la gare d'eau.

Nous avons parlé des obstacles que pourrait opposer la Compagnie, aux expéditions par la voie fluviale ; la même brochure nous donne à cet égard des renseignements précieux, elle dit avec raison :

« *Nous aurons à lutter encore contre son mauvais*
« *vouloir (bien naturel d'ailleurs), contre les irrégu-*
« *larités d'arrivages, contre l'encombrement réel ou*
« *calculé de la Gare.*

« *Nous aurons à payer des frais de stationnement*
« *au moindre retard.*

« *La Compagnie demandera peut-être aussi, ou*
« *plutôt sans aucun doute, une augmentation du délai*
« *comme compensation du tarif réduit, et elle l'obtien-*
« *dra ; d'où une augmentation nouvelle à son profit*
« *dans les frais de gare d'eau ; dans ce cas une crue*
« *de courte durée peut être manquée, une commande*
« *pressée peut être ajournée.*

Que l'on n'oublie pas surtout la réponse faite par la Compagnie du chemin de fer aux représentants de la Société qui devait organiser en 1869, sur le littoral de la Méditerrannée, une vaste usine à agglomérés destinée à faire concurrence aux charbons anglais :

« *En offrant des facilités pour l'exportation des*
« *charbons français, nous nous exposons à payer plus*
« *cher nos propres approvisionnements.*

La Compagnie du chemin de fer est donc maîtresse absolue de la situation et l'industrie et la consommation doivent subir la loi qu'il lui plaira d'imposer.

Industriels et consommateurs, en voulez-vous une preuve irréfutable ?

Les menaces contenues dans la lettre de Monsieur Audibert à la Chambre de commerce de Marseille sont réalisées depuis le premier janvier 1872; la circulaire du 30 décembre 1874 est pleinement édifiante à cet égard.

Nous la transcrirons en entier sous la mention : *Annexe n° 1*, en reproduisant en lettres italiques le passage le plus important, celui qui supprime de fait les tarifs spéciaux au profit des tarifs généraux, celui qui met hors la loi toutes les usines, et elles sont nombreuses, asservies par les tarifs spéciaux.

Ce que cette circulaire nous dit tout d'abord, c'est que la Compagnie du chemin de fer n'avait jamais cru possible la propagation des arrêtés des 11 avril et 10 octobre.

Ce qu'elle nous dit ensuite, c'est qu'au jour où les arrêtés disparaîtront, elle a les moyens de les faire revivre sous une autre forme.

Ce qu'elle nous dit enfin, c'est que la Compagnie du chemin de fer saura, le moment venu, *ralentir l'affluence des marchandises, et se laisser une marge en vue des retenues auxquelles elle serait exposée, en supprimant les tarifs spéciaux.* (Lettre de M. Audibert.)

Elle impose, en vertu d'un tarif spécial 74 (ancien tarif 61), homologué par le ministre et porté à la connaissance du public par voie d'affiches desquelles *personne n'a connaissance,* une loi nouvelle qui se traduit comme suit :

1° Les embranchés ont *six heures seulement pour effectuer les chargements et déchargements, mais la Compagnie a trois jours* pour fournir le matériel demandé.

2° *Les embranchés devront, préalablement à la déclaration prévue par l'article 44 des tarifs généraux, faire une demande donnant toutes les indications que doit contenir cette déclaration elle-même.* (Voir le document annexé sous la mention : *Annexe n° 2* et contenant les modifications demandées au tarif 74.)

Comment le ministre a-t-il modifié, sans consulter les intéressés, les rapports réglés par le cahier des charges et l'usage constant entre la Compagnie du chemin de fer et les embranchés?

Comment donc les clauses inscrites sous le n° 74 peuvent-elles être décorées du nom de tarif spécial ou même de tarif?

Fixent-elles un prix de transport? Non.

Offrent-elles à l'embranché un bénéfice sur les tarifs généraux? Non.

Elles ne constituent donc ni un tarif, ni surtout un tarif spécial.

Mais elles constituent, en revanche, une violation flagrante des droits des parties.

En vertu de quel principe obligera-t-on l'embranché à accepter une situation qui lui donne des charges nouvelles sans compensation aucune?

L'analyse de la circulaire du 30 décembre 1871 donne lieu aux observations qui suivent :

La Compagnie du chemin de fer entend que la demande porte pour chaque wagon, comme la déclaration elle-même, le nom et l'adresse du destinataire, la désignation de la gare et la mention : Tarif général.

Mais c'est un travail matériellement impossible et, en tous cas, parfaitement inutile qu'elle impose sans profit aucun pour elle aux exploitants ; il est inutile puisque la déclaration remise en même temps que le wagon chargé porte toutes les indications qui précèdent ; il est matériellement impossible, cer nul ne pourra, trois jours d'avance, établir une répartition définitive, des contr'ordres, des faits imprévus pouvant la modifier complètement ; et nous ne parlons pas des difficultés inhérentes à ce travail et du personnel supplémentaire qu'il exige.

C'est là un des mille moyens que la Compagnie met en usage pour entraver le commerce et l'industrie et lasser la patience du public ; rien de plus.

Elle entend aussi veiller à ce que toutes les demandes soient exécutées suivant l'ordre de leur remise.

Cette dernière prétention est au moins singulière ; ainsi, la personne qui aura demandé depuis quinze jours, qui se sera pourvue ailleurs en présence du retard qu'elle a subi dans la livraison, sera tenue de recevoir ; si un fait fortuit se produit, si par exemple une industrie a besoin, pour ne pas suspendre sa marche, de quelques wagons, la Compagnie ne tiendra aucun compte de ces circonstances ; l'usine s'arrêtera, mais chacun aura eu son tour de rôle.

Enfin, les prétentions du chemin de fer ont pour effet de mettre à la disposition des exploitants et des industriels les secrets de leurs principaux clients.

De quel droit la Compagnie obligera-t-elle ces derniers à confier à d'autres qu'au transporteur le secret de leurs affaires?

De quel droit la Compagnie se fera-t-elle l'arbitre souverain des expéditions de l'industrie?

Qu'elle se renferme dans les limites de l'article 62 du cahier des charges, qu'elle fournisse des wagons aux embranchés qui les chargeront dans le délai stipulé.

Que l'arbitraire ne prenne pas la place des contrats.

La Compagnie supprime d'un trait de plume les tarifs spéciaux comme s'ils n'avaient pas, jusqu'au jour où les formalités exigées pour leur suppression seront remplies, les mêmes droits que les tarifs généraux.

Elle n'accepte les déclarations qu'autant qu'à la mention ancienne : *Tarifs les plus réduits*, on substituera celle-ci : *Tarifs généraux*.

Et elle a supposé que les exploitants se soumettraient, sans observation, à cette exigence.

Les exploitants sont trop clairvoyants pour ne pas apercevoir le but; ils savent bien que la suppression des tarifs généraux est la ruine des nombreuses industries qui ne vivent que par eux.

Ils résisteront parce qu'ils ne voudront point être ou paraître les complices de la Compagnie du chemin de fer.

Pour compléter la mesure, la Compagnie qui impose l'obligation aux exploitants de demander le matériel aux conditions du tarif général, sous peine de ne pas recevoir de wagons, a fait afficher, le 2

janvier, l'avis suivant portant la date de Paris, 25
décembre 1871, antérieur de cinq jours, par conséquent aux décisions de la commission. (Cette affi-
che est annexée à la brochure sous la mention
*Annexe n° 3.*)

Il résulte de ses termes que si dans la journée un
contr'ordre survient dans une exploitation, et si cette
exploitation n'a pas de demandes au tarif général,
elle devra retirer la marchandise de la gare, n'ayant
pas le droit de modifier après coup la déclaration
imposée, sans droit et contre toute équité, par la
Compagnie.

Nous avons dit que les tarifs spéciaux devaient jouir
des mêmes faveurs que les tarifs généraux, que la
Compagnie n'avait pas le droit de sacrifier les pre-
miers aux derniers; que, par conséquent, les exigences de la circulaire du 30 décembre étaient sans
valeur aucune.

C'est que l'article 48 du cahier des charges ne peut
laisser aucun doute à cet égard.

ART. 48. *Dans le cas où la Compagnie jugerait
convenable, soit pour le parcours total, soit pour les
parcours partiels de la voie de fer, d'abaisser, avec ou
sans conditions, au-dessous des limites déterminées par
le tarif, les taxes qu'elle est autorisée à percevoir, les
taxes abaissées ne pourront être relevées qu'après un
délai de trois mois au moins pour les voyageurs et d'un
an pour les marchandises.*

Que signifient les mots « avec ou sans conditions » ?

Ils signifient que, quelques soient les délais impar-

tis à la Compagnie du chemin de fer pour les tarifs
spéciaux, communs ou différentiels, les destinataires
auxquels ces tarifs s'appliquent doivent jouir des
mêmes droits que les destinataires acceptant les tarifs généraux, pendant le délai d'une année entière,
après le jour où la Compagnie aura fait connaître au
public, par voie d'affiches, son intention de supprimer
les tarifs autres que les tarifs généraux.

Et ce sont ces considérations qui faisaient dire à
l'Industriel de la Loire, auteur de la dernière brochure :

« *Supprimer les tarifs spéciaux et différentiels, c'est*
« *là une mauvaise plaisanterie, écrite dans la lettre*
« *de M. Audibert à la Chambre de commerce de Mar-*
« *seille ; il sait bien que les tarifs ne peuvent s'élever*
« *qu'après une année.*

Mais les industriels qui, comptant sur l'exécution
obligatoire de l'article 48 du cahier des charges, ont
assuré leurs approvisionnements à de grandes distances de leurs usines, les exploitants qui se sont engagés
à garantir ces approvisionnements verraient leurs
traités brisés, et seraient exposés à une ruine complète, par ce seul fait, qu'il plairait à la Compagnie
du chemin de fer, *pour ralentir l'affluence de marchandises et se ménager une marge plus grande de
bénéfices*, de supprimer l'article 48 qui est la seule loi
des parties.

M. Solacroup, directeur de la Compagnie d'Orléans, s'inspirant des pensées de son collègue, a proposé à la commission de relever momentanément les
tarifs ; il pense que cette mesure aura pour consé-

quence d'arrêter l'affluence des transports ; cette proposition qui aurait pour effet de bouleverser les prix de revient et de vente et de modifier la situation économique du pays est repoussée d'une manière absolue (*Globe* du 1er janvier 1872).

*Il faut avouer que MM. les directeurs de chemin de fer poussent un peu loin l'oubli des intérêts publics et le mépris du droit.*

Nous savons bien *que la loi du plus fort est toujours la meilleure;* c'est là un vieil adage qui a eu, malheureusement, son application dans tous les temps ; mais il est imprudent d'abuser de la force ; l'opinion publique a toujours le dernier mot.

Habile à cacher son but, la Compagnie prétend que la première partie de sa circulaire du 30 décembre a pour objet unique de s'assurer que les industries et les exploitations ne lui adressent pas des demandes exagérées.

C'est sur ce terrain qu'elle s'est placée dans la lettre adressée au ministre le 1er décembre 1871, et qui est annexée à la brochure sous la mention *Annexe n° 4.*

Nous allons, en quelques mots, faire tomber tout l'échaffaudage dressé par la Compagnie contre les exploitations.

Quel intérêt ont ces dernières à faire des demandes exagérées ?

La lettre du 1er décembre nous le dit :

Ou elles peuvent espérer obtenir, par l'exagération de la demande, un nombre de wagons plus considérable,

Ou elles peuvent espérer que les tribunaux, émus par la comparaison entre la demande fort exagérée et la livraison qui l'est fort peu, leur donneront gain de cause.

La Compagnie du chemin de fer est trop intelligente pour ne pas cacher derrière de pareilles assertions une arrière-pensée inquiétante pour les intérêts publics.

Comment les exploitations obtiendraient-elles, par une exagération de demande, un nombre plus grand de wagons, alors que, depuis plus de six années, la répartition du matériel a lieu pour chaque jour, à tort ou à raison, au prorata de l'extraction opérée par chaque Société houillère pendant l'année précédente ; alors que la Compagnie du chemin de fer a tenu compte constamment, sauf dans certaines circonstances dont l'appréciation est soumise aux tribunaux ou pour certaines époques, de la production de chacun et non de ses exigences.

Les exploitations ont-elles pu avoir la pensée que les tribunaux s'en rapporteraient à leurs demandes ? mais pour faire accueillir ces demandes, il faut fournir la preuve qu'elles sont en harmonie avec l'importance de la production et des stocks existants.

On voit donc que les appréhensions de la Compagnie du chemin de fer n'ont pas leur raison d'être et ont leur source dans les seuls besoins de la cause.

Enfin, et avant d'aborder l'étude des remèdes à la situation actuelle, nous avons à dire quelques mots de la prétention émise par la Compagnie du chemin de fer d'obliger les exploitations et les industries à se pourvoir d'un matériel en rapport avec leurs besoins.

Cette prétention est la mise à néant du cahier des charges consenti par les Compagnies de chemins de fer.

Elles doivent fournir le matériel nécessaire aux besoins, et elles offrent leurs rails ; en vérité, c'est trop peu !

Le système proposé se réduit en réalité à un emprunt fait par la Compagnie du chemin de fer aux exploitants et aux industriels sans profit pour eux, et au bénéfice de cette Compagnie.

S'il s'agit des exploitations houillères, c'est par dizaines de millions qu'il faudrait chiffrer les dépenses en achat de matériel, à raison de la dissémination de leurs affaires ; des distances énormes que doivent franchir la plupart de leurs expéditions ; des temps d'arrêt que subit, par des cas de force majeure, le matériel ; des voies de garage, des ateliers de réparation qu'elles seraient obligées d'installer.

Et il faut bien dire qu'un grand nombre d'exploitations prospères seraient impuissantes à trouver les capitaux nécessaires pour cette création.

S'il s'agit des usines métallurgiques l'idée pourrait être pratique au point de vue du fonctionnement du matériel, la destination étant toujours la même ; mais combien d'usines seraient en mesure de faire le sacrifice qu'on leur demande?

Et pourquoi donc chercher un remède ailleurs que dans les obligations et les droits de chacun ?

Le cahier des charges annexé aux actes de concession des chemins de fer impose aux Compagnies l'obligation d'effectuer avec exactitude tous les transports qui leur sont confiés, c'est-à-dire de satisfaire constamment aux exigences du commerce ; et cette obligation est la compensation nécessaire du monopole qui leur est accordé.

Il est dans la nature des productions et des consommations qui empruntent les voies ferrées d'être variables ; et cela est vrai surtout pour celles qui font la fortune du chemin de Paris-Lyon-Marseille.

Il est impossible que les produits agricoles n'affluent pas dans les gares après les récoltes ; que le charbon ne soit pas demandé d'avantage à l'approche des longues nuits et des froids ; ces conditions ne constituent pas des circonstances extraordinaires, parce qu'elles sont dans la nature des choses, et que leur périodicité même leur donne le caractère de la régularité.

Ce n'est pas demander trop à la Compagnie qui s'enrichit par ces transports de ne pas les laisser en souffrance, et, particulièrement pour le bassin de la Loire, de prendre en considération des faits qui sont toutes les années les mêmes.

La Compagnie trouvera toujours dans un matériel suffisant, dût-il même être quelquefois en repos, un élément suffisant de rémunération et de bénéfice.

Cette première partie du travail était terminée lorsque le décret présidentiel du 3 janvier a été inséré au *Journal Officiel*.

Nous le reproduisons in-extenso :

4

## DÉCRET

Le président de la République française,

Sur le rapport du ministre des travaux publics,

Vu les cahiers des charges qui régissent les concessions de chemins de fer, et spécialement l'article 50 desdits cahiers ;

La commission provisoire chargée de remplacer le conseil d'Etat entendue,

Décrète :

Art. 1er. Est approuvé l'arrêté du ministre des travaux publics, en date du 29 décembre 1871, qui règle, à titre provisoire et par dérogation à l'article 50 sus visé des cahiers des charges, les délais d'expédition, de transport et de livraison des marchandises sur les chemins de fer.

Art. 2. Le ministre des travaux publics est chargé de l'exécution du présent décret.

Fait à Versailles, le 3 janvier 1872.

A. THIERS.

Par le président de la République :

*Le ministre des travaux publics,*

R. DE LARCY.

━━

Le ministre des travaux publics,

Vu les cahiers des charges qui régissent les concessions de chemins de fer,

Vu l'article 50 de l'ordonnance réglementaire du 15 novembre 1846 ;

Vu l'arrêté ministériel du 12 juin 1866, portant fixation des délais de transport des animaux, denrées, marchandises et objets quelconques expédiés à grande et petite vitesse sur les voies ferrées ;

Vu les arrêtés des 11 avril et 10 octobre 1871, qui modifient provisoirement l'arrêté sus visé;

Vu les tarifs généraux, spéciaux ou communs, applicables aux expéditions à grande et à petite vitesse sur les chemins de fer;

Vu la résolution de l'Assemblée nationale, en date du 15 courant, ordonnant la nomination d'une commission d'enquête chargée notamment de lui proposer d'urgence les mesures immédiates à prendre afin de diminuer, autant que possible, les souffrances causées par la crise actuelle des transports;

Vu la décision du même jour, par laquelle l'Assemblée renvoie à ladite commission l'examen des questions relatives aux arrêtés des 11 avril et 10 octobre 1871, concernant les transports par les voies ferrées;

Et après en avoir conféré avec cette commission,

Arrête :

ART. 1er. A partir du 1er janvier 1872, l'arrêté du 10 octobre 1871, est remplacé par les dispositions suivantes :

Art. 2. Tous les transports de grande vitesse, quels que soient les tarifs appliqués, généraux, spéciaux ou communs, seront effectués dans les délais fixés par l'arrêté ministériel du 12 juin 1866.

ART. 3. Le transport, en petite vitesse, des animaux sera également, et quel que soit le tarif appliqué, effectué dans les délais fixés par l'arrêté ministériel du 12 juin 1866.

ART. 4. Provisoirement et jusqu'au 1er mars 1872 au plus tard :

Les marchandises de petite vitesse, quels que soient les tarifs appliqués, généraux, spéciaux ou communs, seront expédiées de chaque gare, suivant l'ordre d'inscription, à la même gare et sans aucune faveur fondée sur la différence de série ou sur la nature du tarif.

Toutefois, en cas d'insuffisance de matériel, la priorité d'expédition, dans chaque gare, pourra être donnée par les compagnies aux marchandises ci-après désignées :

Les houilles, cokes, minerais, blés, seigles et farines, pommes de terre, sels et les marchandises remises aux compagnies pour être livrées aux embranchements particuliers et magasins publics reliés par voie ferrée.

Les délais totaux d'expédition et de transport des marchandises de petite vitesse, quels que soient les tarifs appliqués, pourront être portés par les compagnies au double des délais résultant, pour les tarifs généraux, de l'arrêté ministériel du 12 juin 1866, et pour les tarifs spéciaux ou communs, des conditions particulières à chaque tarif homologué par le ministre des travaux publics. Ces délais courront du jour de la remise à l'expéditeur, par la compagnie, du récépissé de la marchandise.

Néanmoins les compagnies sont autorisées à appliquer un délai de six jours, non compris le jour de la remise et celui de la livraison, dans tous les cas où les délais déterminés conformément au paragraphe qui précède seraient inférieurs à ce chiffre.

Art. 5. Si les compagnies sont dans la nécessité de fermer momentanément une gare, pour cas de force majeure, avis de la fermeture, de ses causes et de sa durée probable sera immédiatement notifié aux autorités locales. Cet avis sera, en outre, publié par voie d'affiches.

Art. 6. Les délais continueront à être suspendus pour les expéditions de grande et de petite vitesse en provenance ou à destination des départements occupés par les troupes allemandes jusqu'à complète évacuation de ces départements.

Art. 7. Le présent arrêté sera notifié aux compagnies de chemins de fer.

Il sera publié et affiché.

Les préfets, les fonctionnaires et agents du contrôle sont chargés d'en surveiller l'exécution.

Versailles, 29 décembre 1871,

*Le ministre des travaux publics,*

R. DE LARCY.

Ce décret est la condamnation la plus absolue des prétentions émises dans la circulaire du 30 décembre 1871, adressée par la compagnie du chemin de fer aux exploitants et aux industriels.

Il démontre que nos appréciations étaient parfaitement fondées.

Il démontre aussi, et nous le constatons avec plaisir, que parmi nos représentants se trouvent des hommes dévoués aux intérêts publics, préoccupés de l'avenir de l'industrie, désireux de conserver la vitalité à cette poule aux œufs d'or, qui fait la fortune de la France et donne la vie aux travailleurs du bras et de la pensée.

Il ne répond pas à tous nos désirs; mais il nous fait espérer que l'omnipotence des Compagnies de chemins de fer ne trouvera pas plus de faveur dans les conseils de l'État que dans l'opinion publique.

## NOTE IMPORTANTE.

Il paraîtrait que toute demande en homologation de nouveaux tarifs ou de modification aux tarifs déjà connus devrait être adressée tout d'abord à MM. les ingénieurs en chefs du contrôle; qu'ils devraient être, par ces derniers, portés à la connaissance des intéressés ou tout au moins de la Chambre de commerce ; qu'enfin le préfet devrait faire procéder à une enquête à laquelle tous les intéressés seraient appelés avant toute homologation.

Il n'en est point ainsi.

La Chambre de commerce n'a connaissance des demandes de la Compagnie que par l'envoi qui lui est fait des tarifs homologués.

MM. les ingénieurs en chefs du contrôle n'ont plus à s'occuper du contrôle de l'exploitation commerciale que *M. Couche*, inspecteur général, a centralisé en ses mains ; ils ne peuvent donc, n'étant point prévenus eux-mêmes, prévenir ceux qui ont intérêt à s'opposer à l'homologation des tarifs.

Il n'est fait aucune enquête à la préfecture, les intéressés ne sont pas entendus. Le préfet publie, sous sa signature, le tarif homologué et tout est dit.

N'y a-t-il pas lieu d'aviser? Est-ce ainsi que doivent être sauvegardés les intérêts publics?

## REMÈDES A LA SITUATION

S'il est facile d'indiquer pour l'avenir des remèdes certains, il est difficile de les indiquer pour le présent.

Une situation de la nature de celle qui pèse sur nous ne se résoud ni en quelques jours, ni même en quelque mois.

Nous allons cependant, et avec la conviction que nous soulèverons de nombreuses critiques, ou plutôt avec l'espoir de les soulever, parce qu'elles éclaireront la question, faire connaître les solutions qui nous paraissent les plus sûres.

## REMÈDES IMMÉDIATS

1° On rapportera immédiatement tous les arrêtés ministériels derrière lesquels la Compagnie du chemin de fer cache, souvent avec succès, sa responsabilité.

2° On reviendra immédiatement au droit commun, et on déclarera que le cahier des charges est la seule loi des parties, qu'elles sont tenues de l'exécuter dans sa plus stricte rigueur.

3° On prendra des mesures immédiates afin que le personnel des gares, insuffisant actuellement pour les besoins du déchargement, soit augmenté dans des limites convenables.

4° Au point de vue du stationnement des wagons dans les gares on prendra les résolutions suivantes :

Dès qu'un wagon arrivera dans une gare, la Compagnie du chemin de fer sera tenue de prévenir, par lettre chargée, le destinataire.

Deux jours après l'envoi de cette lettre le destinataire sera tenu d'enlever la marchandise ; il lui sera accordé 48 heures pour l'enlever.

Ce délai expiré, le destinataire payera à la Compagnie du chemin de fer :

25 fr. pour le 1er jour de stationnement ;

50 fr.   »   2e   »            »

Le 3e jour la Compagnie a l'obligation, soit de faire camioner au domicile du destinataire, et aux frais de ce dernier, la marchandise ; soit de la déposer dans des docks, si des docks existent dans la localité ; soit de la décharger sur ses quais couverts ou non couverts aux risques et périls du destinataire.

Si la Compagnie n'a pas rempli cette obligation dans le 5ᵉ jour, elle sera passible envers l'Etat d'une amende de 50 fr. par jour.

5° Les Compagnies de chemin de fer qui ont des voies de déchargement, de garage, ou de classement insuffisantes seront tenues de les augmenter dans un délai de quatre mois au plus à partir du jour où l'insuffisance sera constatée, et cette constatation aura lieu dans le délai d'un mois.

6° Les ingénieurs en chef du contrôle reprendront immédiatement, dans leurs attributions, le service de l'exploitation commerciale.

Par les deux premières mesures on obligera la Compagnie à utiliser, dans les meilleures conditions, son matériel ; à augmenter le nombre et la vitesse de ses trains dans des limites compatibles d'ailleurs avec la sécurité ; surtout à augmenter son matériel insuffisant. Par les trois mesures suivantes on assurera un déchargement prompt des wagons, on évitera les encombrements qui se produisent.

Par la dernière mesure on placera, dans chaque grand centre, un intermédiaire intelligent et désintéressé entre les destinataires et le transporteur.

### REMÈDE DÉFINITIF

S'il s'agit d'éviter dans l'avenir les faits qui ont ému à un si haut point, et à si juste raison, les intérêts publics, le remède est fort simple.

Nous rappelerons les paroles de M. Benoist d'Azy, dans la séance du 15 décembre 1871·

« *Faire plus de trains par jour, faire marcher plus*
« *vite les trains de marchandises ; on verrait, si on*
« *connaissait un peu mieux le travail des chemins de*
« *fer, que cela n'est pas possible.*

« *On ne peut marcher à grande vitesse qu'à la con-*
« *dition de n'avoir qu'un très petit nombre de véhi-*
« *cules ; les trains de voyageurs peuvent avoir 24*
» *voitures, c'est un maximum ; on met 60 voitures*
« *aux trains de marchandises.*

« *Si vous vouliez marcher avec 60 voitures à la*
« *vitesse d'un train de voyageurs, vous briseriez tout,*
« *vous ne pouvez pas aller à cette vitesse-là.*

« *On dira encore : faites deux trains de suite.*

« *Vous verrez alors les dangers que vous courez en*
« *ne laissant pas entre deux trains les intervalles de*
« *temps et de distance que l'expérience a fait recon-*
« *naître nécessaires.* »

Et il ajoutait :

« L'instrument que l'on a créé avec tant de peine,
« de soins, d'intelligence, *de dévouement* est-il tel que
« l'on puisse parer à tous les besoins quelconques et
« à des circonstances pareilles à celles qui viennent
« de se produire ?

« Non, cet instrument n'est pas suffisant ; et vous
« auriez à votre disposition un second chemin que si
« vous n'aviez pas un matériel double, vous ne pour-
« riez faire des opérations plus grandes. »

Ainsi, M. Benoist d'Azy constate d'une part que la vitesse actuelle est la vitesse maxima que l'on puisse atteindre sans danger ; d'autre part, que le nombre des trains ne peut être augmenté ; enfin que le matériel actuel, eut-on à sa disposition plusieurs voies de dégagement est complètement insuffisant.

Ce sont là, émanés d'une voix aussi autorisée que celle de M. Benoist d'Azy, des aveux précieux qu'il importe de retenir.

Nous sommes entièrement de son avis en ce qui concerne la vitesse et le nombre des trains ; il y a une limite que la prudence ne permet pas de franchir.

Nous pensons comme lui qu'avec le matériel actuel la Compagnie du chemin de fer serait hors d'état de satisfaire à ses obligations, quelque fût le nombre de voies à sa disposition ; que toutefois elle aurait, avec un nombre de voies plus grand, le moyen d'atténuer dans certaines limites l'insuffisance actuelle.

Comme lui enfin nous constatons qu'avec les voies actuelles, étant donnés la vitesse et le nombre des trains en mouvement chaque jour, étant donnée l'insuffisance des voies de garage et de déchargement, la Compagnie ne pourrait, son matériel fut-il doublé ou triplé, donner une entière satisfaction aux intérêts publics.

Le remède est ainsi naturellement indiqué.

Il faut, pour que ces intérêts soient sauvegardés dans l'avenir, à la fois des voies auxiliaires, et un matériel plus développé.

Partout où l'insuffisance a apparu, l'État doit accorder des concessions nouvelles qui répondront à ce double besoin.

Il le doit surtout lorsqu'il s'agira de mettre en relation des centres importants de trafic et de consommation avec les voies navigables ; la circulaire du 30 décembre a eu pour effet, sans nul doute, d'enlever à nos gouvernants, comme elle l'a enlevée au public, toute illusion sur les intentions des Compagnies de chemins de fer ; et ils seraient bien imprévoyants et bien coupables s'ils ne se hâtaient pas de parer, par des mesures sages et énergiques, aux immenses dangers qui leur sont signalés.

Parmi toutes les concessions de voies nouvelles, une concession intéresse plus particulièrement le département de la Loire, c'est la concession du chemin de fer de Saint-Etienne à Givors ; elle relie le plus riche bassin houiller et métallurgique de France au Rhône et à la mer.

Cette concession, accordée par le Conseil général de la Loire, n'a pas reçu encore la sanction définitive, grâce à l'énorme influence de la Compagnie du chemin de fer ; il est urgent qu'une solution intervienne.

Et si, au mépris des intérêts généraux, on veut maintenir entre les mains de la Compagnie du chemin de fer ce monopole exorbitant, nuisible à tous, contre lequel s'élève, avec tant de force, l'opinion publique, que tout au moins on oblige la Compagnie Paris-Lyon à mettre à exécution les propositions faites par elle en 1869 au Ministre des travaux publics et ci-après transcrites :

« La Compagnie de Paris-Lyon-Méditerranée pren-
« drait l'engagement de procurer aux entreprises qui

« s'organiseraient pour l'exportation des houilles de
« Saint-Etienne dans la Méditerranée, par la voie du
« Rhône, soit en ce qui concerne les conditions de
« tarif, qui serait abaissé à 5 centimes par tonne et
« par kil., soit, quant aux dispositions de service,
« tous les avantages que leur donnerait la seconde
« ligne projetée.

« La Compagnie s'obligerait à exécuter une seconde
« ligne entre Saint-Etienne et le Rhône, ou à doubler
« ses voies dès que le développement du trafic ren-
« dra ces mesures nécessaires.

« Elle s'obligerait également à mettre en commu-
« nication avec le chemin de fer les établissements
« ou exploitations qui ne seraient pas actuellement
« desservis.

« Enfin, la Compagnie s'engagerait à établir, en-
« tre Lyon et Saint-Etienne, des billets d'aller et
« retour, dans les conditions pratiquées sur plusieurs
« parties de son réseau. »

Ces propositions mêmes n'étaient-elles pas l'aveu
de cette complète impuissance affirmée par les faits
actuels ?

Et n'a-t-il pas fallu que le Comité consultatif des
chemins de fer et le conseil d'Etat aient fermé volon-
tairement les yeux devant l'évidence pour formuler
ces singuliers avis, desquels le bon sens public a fait,
d'ailleurs, justice.

Le remède d'avenir est la liberté absolue de transport; il doit suffire, pour obtenir une concession, de
démontrer que l'on a, en ses mains, les ressources

nécessaires pour l'exécution du travail ; l'Etat ou les départements ne devront fournir aux voies nouvelles aucune subvention, aucune garantie ; il est bien entendu que l'Etat devra maintenir intactes les garanties données par lui jusqu'à ce jour.

Quant au droit de l'Etat, il nous paraît parfaitement établi, et, à cet égard, nous nous bornerons à reproduire les observations consignées dans le mémoire publié en 1869, relativement au chemin de Saint-Etienne à Givors :

« La question de droit ne me paraît pas discutable.

« L'article 61 du cahier des charges de Paris-Lyon-
« Méditerranée réserve expressement au gouverne-
« ment le droit d'accorder de nouvelles concessions
« de chemins de fer, s'embranchant sur les anciennes
« ou les prolongeant.

« L'article 60 déclare que toute exécution ou auto-
« risation ultérieure de routes, de canaux, de che-
« mins de fer, de travaux de navigation, dans la
« même contrée ou dans une autre contrée voisine
« ou éloignée, ne peut donner ouverture à aucune
« demande d'indemnité de la part de la Compagnie.

« Ces réserves consacrent, d'ailleurs, la jurispru-
« dence établie par l'arrêt du conseil d'Etat du 22
« novembre 1826.

« Une ordonnance du 7 juin 1826 avait adjugé
« à une Compagnie l'établissement d'un chemin de
« fer de Saint-Etienne à Lyon.

« Les propriétaires du canal de Givors s'empres-
« sèrent de se pourvoir contre cette ordonnance ; ils
« prétendaient que la nouvelle entreprise leur portait

« un préjudice grave, puisqu'elle avait pour objet
« les mêmes transports sur des lignes parallèles ;
« que les lettres-patentes leur conférant la propriété
« du canal, créaient en leur faveur un monopole ;
« qu'ils suffisaient, d'ailleurs, amplement au trafic
« des localités desservies ; ils demandaient que les
« concessionnaires du chemin de fer fussent tenus
« personnellement et sans recours envers l'Etat, de
« les dédommager immédiatement et annuellement,
« à toujours, du préjudice à eux causé.

« Les concessionnaires du chemin de fer, défendant
« alors un principe diamétralement contraire à celui
« qu'ils défendent aujourd'hui, maintenaient le droit
« de l'Etat de donner une concession à côté de la
« première et parallèlement à elle. Le conseil d'Etat
« décida que l'ordonnance royale, qui approuvait
« l'ouverture d'une nouvelle communication (*chemin*
« *de fer*) entre Saint-Etienne et Lyon, était un acte
« d'administration dont la réformation ne pouvait
« être demandée au souverain par la voie conten-
« tieuse.

« Et le chemin de fer de Saint-Etienne à Lyon fut
« créé.

« La loi de 1865 sur les chemins de fer d'intérêt
« local affirme les mêmes principes en déclarant qu'il
« appartient au gouvernement d'atténuer les regret-
« tables effets des restrictions apportées à la liberté
« des concessions.

« Nulle part on ne voit écrit le droit que prétend
« avoir la Compagnie du chemin de fer de s'élever
« contre une exécution ou une autorisation nouvelle.

« Non-seulement le droit n'est pas écrit, mais les
« actes mêmes du gouvernement démontrent qu'il
« n'existe pas.

« Il suffit de rappeler, pour ne laisser aucun doute
» à cet égard, le passage suivant d'un mémoire
« adressé à Messieurs les membres du Conseil d'État :

« Une nouvelle Compagnie dite du Nord-Est, com-
« posée d'hommes entreprenants et résolus, se jetait
« au milieu du réseau du Nord et recevait les conces-
« sions de plus de deux cents kilomètres avec une
« garantie d'intérêt de l'État; d'autres personnages,
« sans doute aussi honorables et aussi méritants, ob-
« tenaient, à leur tour, de nouvelles concessions dans
« la même région et particulièrement d'une ligne de
« 80 kilomètres environ parallèle à la grande ligne du
« Nord, toutes ces concessions réunies formant un
« ensemble de plus de 550 kilomètres. Depuis la mort
« du puissant chef et fondateur de la Compagnie du
« Nord, on semblait donc se ruer sur ses dépouilles ;
« et aujourd'hui il ne manque plus, en effet, que
« quelques raccords entre ces divers tronçons pour
« qu'une nouvelle Compagnie du Nord soit constituée
« à côté de l'ancienne. »

## OBSERVATION IMPORTANTE.

Nous avions pensé que le décret présidentiel mettrait
un terme aux exigences d'ailleurs mal fondées de la Compagnie du chemin de fer ; nous nous étions trompés.

On a dit que *la Compagnie était un État dans l'État*
*« et plus puissant que l'État lui-même.* » On a dit vrai
et nous en apportons la preuve.

Le décret présidentiel du 3 janvier a approuvé l'arrêté ministériel relatif aux transports par voie ferrée, rendu sur l'avis de la Commission. Ce décret a été publié par tous les journaux le 6 janvier.

S'il ne donne pas entière satisfaction à l'opinion publique, il atténue tout au moins, dans de larges limites, les effets désastreux des précédents arrêtés. On avait d'autant plus raison de croire que la Compagnie du chemin de fer se soumettrait à cette décision souveraine, qu'elle trouve encore, dans la situation qui lui est faite, des conditions plus favorables que celles que lui impose son cahier des charges.

Mais la Compagnie ne se soumet point.

Nous avons sous les yeux une dépêche télégraphique adressée par l'ingénieur en chef de l'exploitation à tous les employés supérieurs du réseau de Paris-Lyon, *à la date du 8 janvier* 1872.

Voici son contenu :

« *L'arrêté ministériel du 29 décembre, approuvé par*
« *décret du 3 janvier, ne pourra être appliqué que*
« *lorsqu'il aura été notifié à notre Compagnie, confor-*
« *mément à l'article 7 dudit arrêté, et cette notification*
« *n'a pas encore été faite.* »

Cette dépêche a été transmise aux chefs de gare avec l'addition suivante :

« *Veuillez répondre, d'après cette dépêche, aux ques-*
« *tions qui pourront vous être adressées à ce sujet.* »

C'est, en effet, dans ce sens que les chefs de gare ont répondu aux demandes qui leur ont été faites le 9 janvier.

Ou la notification est nécessaire, et nous demandons pourquoi elle n'a pas été faite par le ministre le 3 janvier; ce dernier a assumé, en ce cas, une grave responsabilité de laquelle l'industrie a le droit et le devoir de lui demander compte;

Ou la notification est inutile, et que signifie alors la dépêche du 8 janvier ?

Des wagons, expédiés aux tarifs généraux, stationnent sur différents points du bassin ; des procès sont engagés à cet égard.

A qui incombera la responsabilité ?

Est-ce à la Compagnie du chemin de fer ?

Est-ce au Ministre ?

Quant aux expéditeurs, ils sont complètement sauvegardés par le cahier des charges pour la période antérieure au 3 janvier ; à la fois par le cahier des charges et le décret présidentiel pour la période postérieure à cette date.

On nous communique un fait nouveau, qui s'est produit à la date du 10 janvier.

La Compagnie du chemin de fer a refusé (et le fait est constaté par un acte extrajudiciaire) d'accepter au puits du Grand-Treuil (concession du Treuil) des déclarations se rapportant à des expéditions faites aux usines du Creusot 1° avec la mention · *Tarifs les plus réduits* ; 2° avec la mention nouvelle inscrite après le premier refus : *Tarifs spéciaux*.

L'exploitant ayant formellement déclaré qu'il entendait inscrire sur ses déclarations l'une ou l'autre mention, l'agent de la Compagnie du Creusot s'est offert à fournir, en son nom, des déclarations et à s'entendre avec la Compagnie du chemin de fer.

Nous espérons que le gouvernement saura faire respecter ses décisions et que les tribunaux sauront sauvegarder les droits des expéditeurs.

Avant de clore cette discussion, nous croyons utile de donner quelques renseignements précieux puisés dans le livret de « *Classification et numérotage général des machines, tenders, voitures et wagons des chemins de fer de Paris à Lyon.* » Il résulte de ce livret que le matériel de wagons à houille comprenait au 1<sup>er</sup> janvier 1870, 22,452 wagons, savoir :

*Wagons à houille ouverts par côtés, séries S et SF.*

| | | |
|---|---|---|
| Série S, freins à main. . . . . . . . . | 11,514 | } 17,524 |
| Série SF, freins à vis. . . . . . . . . | 6,010 | |

*Wagons à houille ouverts par bouts, séries T et TF.*

| | | |
|---|---|---|
| Série T, freins à main . . . . . . . . | 3,574 | } 4,074 |
| Série TF, freins à vis. . . . . . . . . | 500 | |

*Wagons à coke, séries U et UF.*

| | | |
|---|---|---|
| Série U, freins à main . . . . . . . . | 704 | } 854 |
| Série UF, freins à vis. . . . . . . . . | 150 | |
| | Total. . . . . . . | 22,452 |

Le développement total du réseau dépasse 4,500 kilomètres exploités.

D'où la conséquence qu'au 1<sup>er</sup> janvier 1870, le nombre de wagons à houille par kilomètre exploité était de cinq wagons au maximum.

La Compagnie du chemin de fer P.-L.-M. accuse au 1<sup>er</sup> janvier 1870, 2,820 wagons en construction.

En présence de pareils chiffres, peut-on s'étonner de l'insuffisance actuelle ?

Un Défenseur des intérêts publics.

# ANNEXES

## Annexe n° 1.

### CHEMIN DE FER DE PARIS A LYON ET A LA MÉDITERRANÉE

Saint-Etienne, le 30 décembre 1871.

Monsieur,

Je viens vous faire connaître les mesures intéressant les embranchements particuliers qui vont être la conséquence du rétablissement partiel des délais de transport en petite vitesse. Ces délais, tels qu'ils sont fixés par l'arrêté ministériel de 1866, sont remis en vigueur à dater du 1er janvier 1872, par un arrêté du 10 octobre dernier, mais seulement pour les expéditions faites aux conditions des diverses séries des tarifs généraux, y compris la série spéciale, et non pour les expéditions faites aux conditions des tarifs spéciaux.

Il est donc indispensable que nous sachions si les wagons demandés par les embranchés doivent recevoir des chargements pour l'une ou l'autre de ces deux catégories, et nous avons soumis, dans ce but, à l'homologation ministérielle une modification du tarif spécial n° 74, qui règle nos rapports avec les embranchés, modification qui a été portée à la connaissance du public par voie d'affiches.

Nous ne pourrons, en conséquence, à dater du 1er janvier 1872, livrer aux embranchés aucun wagon vide qui n'ait fait l'objet d'une demande en règle, ayant nécessairement le caractère d'une déclaration et comprenant les indications suivantes, pour chaque expédition à faire :

1° Date et heure de la déclaration-demande ;

2° Nombre de wagons demandés, considérés comme colis à expédier ;

3° Nom du destinataire ;

4° Gare destinataire ;

5° Tarif demandé.

La plupart des imprimés en usage pour les demandes peuvent, du reste, se prêter facilement à cette nécessité, avec quelques additions manuscrites.

Nous transcrirons ces déclarations-demandes dans leur ordre de date et d'heure, sur le feuillet de gauche du carnet qui sert aux constatations des livraisons de wagons, et nous inscrirons les wagons, en marge sur le feuillet à droite, au fur et à mesure des livraisons, pour la constatation desquelles nous demanderons, comme d'usage, sur ledit feuillet l'émargement de l'embranché ou de son représentant.

*Nous appliquerons d'office nos livraisons successives de matériel aux demandes les plus anciennes, non soldées, faites pour les tarifs généraux. Il n'y aura attribution quelconque de wagons aux demandes faites pour les tarifs spéciaux qu'autant que les demandes de la première catégorie seront soldées.*

Nous vous demanderons, après chargement, soit la déclaration actuelle, rappelant la date de la demande correspondante, soit une note de remise, ainsi disposée :

*État des wagons chargés remis le.....*
*par l'embranchement de....*

| LETTRES et numéros des wagons. | POIDS du chargement. | NOMS des) destinataires. | GARES destinataires. | Date de la Remise de la déclaration-demande. | Observations. |
|---|---|---|---|---|---|
| | | | | | |

Les chargements à faire dans des wagons fournis par le destinataire, comme cela se produit pour la Compagnie du Creuzot, et pour notre Compagnie elle-même, ne donneront lieu à aucune demande préalable. La déclaration actuelle après chargement, suffira pour ces wagons, qui seront livrés à part, d'après les indications des destinataires, avec cette seule mention sur le feuillet de gauche du carnet : *Wagons du Creusot* ou *Service du chemin de fer P.-L.-M.*

Je vous prie de vouloir bien donner des instructions, dans le sens de ce qui précède, à ceux de vos agents qui se trouvent en rapports directs avec nos gares, afin de prévenir toute difficulté dans l'exécution de ces mesures qui nous sont imposées par les circonstances.

Agréez, Monsieur, l'assurance de ma considération distinguée,

L'*Inspecteur principal de l'exploitation* (6ᵉ section),

A. DE MAS.

—

## Exploitation. — 6ᵉ section.

### NOTE ADRESSÉE A M.....

Saint-Étienne, le 30 décembre 1871.

Vous avez été informé, par les circulaires nᵒˢ 82 et 95, des mesures générales qui sont la conséquence du rétablissement partiel des délais de transport en P. V., à dater du 1ᵉʳ janvier 1872.

Vous avez eu connaissance, par voie d'affiches, des modifications apportées, à cette occasion, au tarif spécial nᵒ 74, qui règle nos rapports avec les embranchés.

Je vous remets ci-joint un exemplaire d'une lettre circulaire A, nᵒ 13,140, adressée sur ce sujet aux embranchés. Je fais une distribution directe de cette lettre aux principaux intéressés; mais je vous invite à m'en demander tel nombre d'exemplaires que vous jugerez utile de distribuer, soit à des embranchés, soit à nos agents.

Vous trouverez dans cette lettre des règles dont vous voudrez bien assurer la stricte exécution, en ce qui nous concerne, dès le 1er janvier.

Vous remarquerez qu'il est essentiel, pour la bonne tenue du carnet nº 309 (1871), que l'on réserve toujours, sur le feuillet de droite, en marge de toute déclaration-demande le nombre de lignes largement nécessaires pour inscrire tous les wagons appelés à former la livraison demandée.

Les inscriptions des déclarations-demandes, sur le feuillet de gauche, devront être espacées en conséquence.

S'il surgissait quelque difficulté particulière d'application vous me la soumettriez d'urgence.

Demandez de suite tous les carnets nº 309 (1871) dont vous avez besoin, et en attendant usez du carnet actuel avec corrections à la main

Il va sans dire que l'ordre de suspension générale des chargements, donné par ma note L, nº 677 du 22 courant, sera levé à dater du 1er janvier ou plus tôt. Cet ordre ne s'appliquera plus qu'aux expéditions à faire aux conditions des tarifs spéciaux dans les limites fixées par la circulaire nº 95.

Vous pourrez, toutefois, charger d'office *en gare* des marchandises des tarifs spéciaux, *à défaut de marchandises des tarifs généraux*, pour utiliser certains retours de matériel, savoir :

1º Les wagons étrangers, dirigés vers leurs gares de transit ;

2º Nos wagons, dirigés sur Valence, en répartition pour le Midi ;

3º Les wagons S, T, Kf et U, en retour vers les mines.

Vous aurez à tracer, chaque jour, dans la place réservée pour les observations générales du rapport B, le cadre ci-dessous, que vous remplirez exactement, à partir du rapport portant la date du 1er janvier.

(Suit le tableau.)

L'Inspecteur principal de l'exploitation,

De Mas.

---

## Annexe n° 2.

## CHEMIN DE FER DE PARIS A LYON ET A LA MÉDITERRANÉE

DÉLAIS DE TRANSPORT A PETITE VITESSE

## AVIS IMPORTANT

Vu l'arrêté de M. le Ministre des travaux publics en date du 10 octobre 1871, concernant les délais de transport et de livraison sur les chemins de fer, la Compagnie a l'honneur de prévenir les expéditeurs qui, à partir du 1er janvier 1872, déposeront des marchandises à expédier en petite vitesse aux conditions du tarif général, et devant, par suite, être transportées dans les délais réglementaires, qu'ils ne pourront, dans aucun cas, après les avoir fait admettre par les gares, modifier après coup leur déclaration primitive, en revendiquant, pour ces mêmes marchandises, l'application d'un tarif spécial ou commun. Par conséquent, s'il ne leur convient pas de maintenir leur déclaration primitive, ils devront retirer leur marchandise de la gare.

*Annexe n° 3.*

## CHEMIN DE FER DE PARIS A LYON ET A LA MÉDITERRANÉE

(SECTION D'AIX-LES-BAINS A ANNECY COMPRISE)

ET

### CHEMIN DE FER DE BESSÈGES A ALAIS

———

TRANSPORS A PETITE VITESSE

———

# AVIS

La Compagnie des chemins de fer de Paris à Lyon et à la Méditerranée a l'honneur d'informer le public qu'elle vient de soumettre à l'homologation de l'administration supérieure la proposition de modifier et compléter son tarif spécial P. V. n° 74 (*Embranchements particuliers*),(1) conformément à ce qui suit :

### MODIFICATION

ARTICLE PREMIER. *(Texte proposé.)*

« Les wagons à envoyer sur les embranchements parti-
« culiers pour y prendre des marchandises à destination
« du chemin de fer sont amenés par la Compagnie à
« l'entrée des embranchements, dans les trois jours de la
« réception de la demande qui lui en est faite par la re-
« mise d'une déclaration établie conformément aux dispo-
« sitions de l'article 41 des conditions d'application des
« tarifs généraux.

(1) Ces modifications et additions concernent également le tarif spécial P. V., n° 2, du chemin de fer de Bessèges à Alais.

« Les wagons contenant des marchandises en provenance
« du chemin de fer et en destination des embranchements
« particuliers, sont également remis par la Compagnie à
« l'entrée des embranchements.

« Les expéditeurs ou destinataires font conduire les
« wagons dans leurs établissements, pour les charger ou
« décharger, et les ramènent au point de jonction avec
« la voie principale, le tout à leurs frais. »

### ADDITION

*A la fin du tarif.*

« ART. 8. — Les délais de transport, sur le chemin
« de fer, courent à partir du jour où le wagon chargé a
« été remis à la Compagnie par l'embranché.

« ART. 9. — Si l'embranché a réclamé, dans la décla-
« ration mentionnée à l'article 1er, l'application d'un tarif
« spécial, le délai de 3 jours, fixé par ledit article pour
« la remise des wagons, sera augmenté d'un délai supplé-
« mentaire accordé par le tarif spécial ou par les arrêtés
« ministériels, applicables aux transports exécutés aux
« conditions de ce tarif.

« Aucune revendication du tarif spécial n'est admise
« postérieurement à la remise de la déclaration. »

Paris, 8 octobre 1871.

---

*Annexe n° 4.*

## CHEMIN DE FER DE PARIS A LYON ET A LA MÉDITERRANÉE

Paris, le 1er décembre 1871.

Monsieur le Ministre,

Le tarif spécial P V, n° 74, concernant les expéditions en
destination en provenance des embranchements particuliers,

dispose que les wagons demandés par les embranchés, pour
y charger leurs marchandises, doivent être fournis par la
Compagnie dans les trois jours de la réception de la demande ; mais il n'impose aux embranchés aucune justification, au sujet de l'existence dans leurs établissements,
des marchandises pour l'expédition desquelles les wagons
sont demandés. Cette manière de procéder ne peut avoir de
grands inconvénients dans les circonstances ordinaires,
attendu que si l'embranché a demandé plus de wagons
qu'il ne peut en utiliser, il se trouve obligé à payer, en
pure perte, des suppléments de location et ces surtaxes
constituent, en temps normal, des pénalités suffisantes pour
prévenir les abus.

Mais aussitôt que, pour une cause quelconque, le matériel
devient rare et que la Compagnie du chemin de fer se trouve
obligée d'user de tout ou partie du délai de trois jours que
lui réserve le tarif pour livrer le matériel demandé, les
embranchés n'hésitent pas à enfler outre mesure leurs
demandes, afin d'obtenir une part plus grande dans la
répartition à faire entre tous les intéressés du matériel disponible. Ces exagérations se produisent surtout dans les
bassins houillers où, dès que l'on peut supposer que les
wagons feront défaut, on voit tout à coup les demandes des
Compagnies houillères prendre des proportions inusitées et
évidemment supérieures à leurs besoins réels. Il est à peine
nécessaire d'ajouter que cette tactique a un double but, celui
d'obtenir, comme nous l'avons déjà indiqué, un contingent
plus fort dans la répartition, et celui de se préparer des
arguments en vue des procès que l'on pourrait intenter au
chemin de fer.

Comme la Compagnie n'a aucun moyen de contrôler ces
demandes, elle se trouve dans l'alternative : soit de les
admettre et de favoriser les industriels dont les déclarations

sont les moins consciencieuses ; soit de n'en pas tenir compte et de prendre pour base de la répartition proportionnelle les expéditions des années précédentes, ce qui peut n'être pas équitable.

Pour éviter les difficultés de ce genre il paraît indispensable que les embranchés soient soumis à la même règle que les expéditeurs ordinaires, c'est-à-dire que lorsqu'ils demandent des wagons, ils soient tenus à établir qu'ils ont une quantité proportionnée de marchandises à expédier. Il faudrait pour cela que la Note de remise ou déclaration qu'ils ne remettent aujourd'hui que quand ils ramènent les wagons chargés, fût produite au moment où ils réclament du matériel et constituât la demande même de wagons.

En conséquence, Monsieur le Ministre, la Compagnie vient soumettre à votre homologation les dispositions ci-après destinées à compléter le tarif spécial P V, nº 74 :

Les deux paragraphes de l'article 1er seront remplacés par les trois suivants :

« Les wagons à envoyer sur les embranchements parti-
« culiers pour y prendre des marchandises à destination
« du chemin de fer, sont amenés par la Compagnie à l'en-
« trée des embranchements dans les trois jours de la récep-
« tion de la demande qui lui en est faite par la remise
« d'une déclaration établie conformément aux dispositions
« de l'article 41, des conditions d'application des tarifs
« généraux.

« Les wagons contenant des marchandises en provenance
« du chemin de fer et en destination des embranchements
« particuliers sont également remis par la Compagnie à
« l'entrée des embranchements.

« Ces expéditeurs ou destinataires font conduire les
« wagons dans leurs établissements pour les charger ou

« décharger, et les ramènent au point de jonction avec la
« voie principale, ce sont à leurs frais. »

Comme la date de la déclaration ne devrait plus, dans
ce cas, servir de point de départ pour le calcul des délais
de transport, on ajouterait aux tarifs 74 deux articles ainsi
conçus :

« ART. 8. — Les délais de transport sur les chemins
« de fer courent à partir du jour où le wagon chargé a été
« remis à la Compagnie par l'embranché.

« ART. 9. — Si l'embranché a réclamé, dans la décla-
« ration mentionnée à l'article 1er, l'application d'un tarif
« spécial, le délai de trois jours, fixé par ledit article pour
« la remise des wagons, sera augmenté du délai supplé-
« mentaire accordé par le tarif spécial ou par les arrêtés
« ministériels applicables aux transports, exécutés aux
« conditions de ce tarif.

« Aucune revendication du tarif spécial n'est admise
« postérieurement à la remise de la déclaration. »

La remise de la déclaration ou Note, au moment de la
demande de wagons, devient tout à fait indispensable dans
la situation transitoire qui doit commencer le 1er janvier
prochain, par suite de l'application de l'arrêté ministériel
du 12 juin 1866. En effet, à cette date les délais règlementaires seront applicables aux marchandises expédiées
aux conditions des tarifs généraux, et non à celles po r
lesquelles l'application des tarifs spéciaux sera demandée.
Il est donc absolument nécessaire que la Compagnie, lorsqu'une demande de wagons lui sera adressée par un embranché, sache à quel tarif l'embranché a l'intention d'expédier les marchandises auxquelles ces wagons sont destinés. Si l'expédition doit avoir lieu aux conditions des tarifs
généraux, le matériel devra être fourni dans les délais
règlementaires. Si elle doit être faite aux conditions d'un

tarif spécial, il n'y aura lieu à fournir des wagons que dans la proportion du stock que les envois faits au tarif général laisseront disponible. J'ajouterai que les mesures destinées à établir cette distinction, sont d'autant plus essentielles que sur le réseau de la Méditerranée, les houilles sont expédiées, pour la plus grande partie, aux conditions des tarifs généraux. La Compagnie va donc se trouver, au 1er janvier, en présence d'obligations très-lourdes eu égard à l'activité actuelle des transports, et elle se trouverait hors d'état de les remplir si elle ne pouvait connaître exactement, chaque jour, les besoins réels auxquels elle sera tenu de satisfaire, ce qui ne peut avoir lieu que par la remise préalable des déclarations.

Cette mesure ne peut d'ailleurs imposer aucune gêne aux embranchés et elle n'aura pour résultat, ainsi que je l'ai déjà indiqué ci-dessus, que de leur appliquer les règles auxquelles tous les expéditeurs doivent se conformer.

Je viens, en conséquence, Monsieur le Ministre, vous demander de donner d'urgence votre homologation aux propositions qui font l'objet de cette lettre.

La Compagnie adresse en même temps les communications règlementaires au service du contrôle et à MM. les préfets.

Je suis avec respect,

Monsieur le Ministre,

Votre très-humble et obéissant serviteur,

*Le Directeur de la Compagnie,*

*Signé* : O. AUDIBERT.

*Annexe n° 5.*

Réponse de la Compagnie du chemin de fer
Paris-Lyon au décret du 3 janvier 1871.

## CHEMIN DE FER DE PARIS A LYON ET A LA MÉDITERRANÉE

TRANSPOTS A PETITE VITESSE

# AVIS AU PUBLIC

Par un arrêté du 29 décembre 1871, approuvé par
décret de M. le Président de la République, en date du 3
janvier 1872, M. le Ministre des travaux publics a supprimé
les dispositions de ses arrêtés antérieurs, d'après lesquelles
le transport de marchandises expédiées aux conditions des
tarifs spéciaux et communs devait continuer jusqu'à nouvel
ordre à ne pas être assujetti à des conditions de délai. La
Compagnie des chemins de fer de Paris à Lyon et à la
Méditerranée se trouvant, quant à présent, dans l'impossibilité d'exécuter à délai fixe la totalité des transports à petite vitesse, dont le tonnage est momentanément grossi
dans des proportions extraordinaires, par l'effet des circonstances exceptionnelles que le pays vient de traverser, est
dans la nécessité de suspendre provisoirement, et jusqu'à
ce que le trafic ait repris son cours normal, l'application
AVEC CONDITIONS DE DÉLAI de quelques tarifs spéciaux
concernant certaines marchandises.

En conséquence, elle a l'honneur d'informer le public
qu'elle soumet à l'homologation de M. le Ministre des
travaux publics les propositions suivantes :

*A partir du 10 février prochain, et jusqu'à nouvel
ordre,* LES CONDITIONS DE DÉLAI fixées par la Compagnie,

conformément aux dispositions de l'article 48 de son cahier des charges, dans les tarifs spéciaux et communs ci-
après désignés, en raison des réductions de prix que pré-
sentent ces tarifs par rapport aux tarifs généraux, sont
remplacées dans chacun desdits tarifs par les suivantes :

« Le présent tarif ne sera applicable qu'aux expéditions
« pour lesquelles l'expéditeur déclarera, par une mention
« spéciale inscrite sur la note de remise, qu'il consent à
« exonérer la Compagnie de tout délai de transport.

« La Compagnie se réserve expressément de fermer ses
« gares aux marchandises expédiées aux conditions du
« présent tarif, soit lorsque les quais desdites gares se-
« ront encombrés par les marchandises à expédier, soit
« lorsque les quais des gares destinataires seront hors
« d'état de les recevoir. »

## TARIFS SPÉCIAUX ET COMMUNS DE PETITE VITESSE

auxquels s'appliquent les modifications ci-dessus indiquées.

### Matériaux de construction, Asphaltes, Arcansen, etc.

#### TARIFS SPÉCIAUX.

Paris-Lyon-Méditerranée : nos 30, 31, 34, 35, 36, 53.
Rhône au Mont-Cenis : nos 5, 12, 17, 32, 33.

#### TARIFS COMMUNS.

P.-L.-M. — Nord : no 11.
P.-L.-M. — Rhône au Mont-Cenis : nos 1, 2, 3, 6.
P.-L.-M. — Orléans : nos A 9, A 10, A 23.
P.-L.-M. — Midi : no 1.
P.-L.-M. — Ouest : nos 8, 10, 13.
P.-L.-M. — Rhône au Mont-Cenis — Ceinture-Ouest : no 4.
P.-L.-M. — Ceinture : nos 1 et 2.

## Bois de chauffage et de construction, Charbon de bois.

TARIFS SPÉCIAUX.

Paris-Lyon-Méditerranée : n$^{os}$ 21, 22, 60, 67 (1$^{er}$ et 2$^{e}$ §).
Rhône au mont-Cenis : n$^{os}$ 4 (§ 1$^{er}$), 7, 11.

### Diverses marchandises.

TARIFS SPÉCIAUX.

Paris-Lyon-Méditerranée : n$^{os}$ 16, 43, 44, 57, 66.
Rhône au Mont-Cenis : n$^{os}$ 1, 2, 3, 8, 13.

TARIFS COMMUNS.

P.-L.-M. — Nord : n$^{o}$ 8.
P.-L.-M. — Nord — Est : n$^{o}$ 5.
P.-L.-M. — Orléans : n$^{os}$ A 5, A 26.
P.-L.-M. — Midi : n$^{os}$ 8, 9.
P.-L.-M. — Ouest : n$^{o}$ 18.

### Transit et Exportation.

TARIFS SPÉCIAUX.

Paris-Lyon-Méditerranée : n$^{os}$ 25 (partie concernant l'Exportation à fret), 40, 63.

TARIFS COMMUNS.

P.-L.-M. — Nord : n$^{os}$ 14, 17.
P.-L.-M. — Chemins de fer Suisses : n$^{os}$ 1, 1$^{bis}$, 2, 2$^{bis}$, 4.
P.-L.-M. — Midi : n$^{os}$ 5, 6.
P.-L.-M. — Ouest : n$^{o}$ 23.
P.-L.-M. — Ouest et Chemins de fer Suisses : n$^{o}$ 22.
P.-L.-M. — Nord — Bességes : n$^{o}$ 2.
P.-L.-M. — Ouest — Bességes : n$^{o}$ 3.

## Annexe nº 6.

## ARRÊTÉ DU 11 AVRIL.

(Il n'a pu être retrouvé ni à la préfecture, ni dans les bureaux de la Compagnie du chemin de fer, ni à la Chambre de commerce, ni au comité des Houillères.)

---

## Annexe nº 7.

## CHEMIN DE FER DE PARIS A LYON ET A LA MÉDITERRANÉE

EXPLOITATION.

---

## CIRCULAIRE Nº 82 (1871)

—

SERVICE DES GARES ET DES TRAINS

—

### ARRÊTÉ DU 10 OCTOBRE 1871

Concernant les délais de transport et de livraison sur les chemins de fer.

Le Ministre des Travaux publics,

Vu les cahiers des charges qui régissent les concessions de chemins de fer ;

Vu l'article 50 de l'ordonnance règlementaire du 15 novembre 1846 ;

Vu l'arrêté ministériel du 12 juin 1866, portant fixation des délais de transport et de livraison des animaux, denrées, marchandises et objets quelconques expédiés à grande et à petite vitesse, sur les voies ferrées, et notamment l'article 12 ainsi conçu :

« La fixation des délais ci-dessus déterminés pour les

6

« transports à petite vitesse effectués au prix et conditions
« des tarifs généraux, ne fait point obstacle à la fixation de
« délais plus longs dans les tarifs spéciaux ou communs,
« où ils ont été ou seraient ultérieurement introduits, avec
« l'approbation de l'administration supérieure, comme com-
« pensation d'une réduction de prix ; »

Vu l'arrêté ministériel du 11 avril 1871, qui suspend
provisoirement l'application des délais fixés par l'arrêté
sus-visé.

Arrête :

### ARTICLE PREMIER.

A partir du 15 Novembre 1871, les dispositions de l'arrêté ministériel du 12 juin 1866, relatif aux délais de transport et de livraison des animaux, denrées, marchandises, et
objets quelconques, à grande et à petite vitesse, sur les
chemins de fer, seront remises en vigueur :

1° Pour tous les transports en grande vitesse, sans excep-
tion, et quels que soient les tarifs appliqués, généraux, spéciaux ou communs ;

2° Pour le transport, en petite vitesse, des animaux,
soit par tarifs généraux, soit par tarifs spéciaux ou communs ;

3° Pour le transport, en petite vitesse, des marchandises
dénommées dans la 1re et la 2e série des tarifs généraux de
chaque Compagnie, et de toutes marchandises qui, rangées
dans les séries inférieures, seraient taxées au prix de la 2e
série sur la demande des expéditeurs.

Les marchandises des séries inférieures continueront à
être transportées, jusqu'au 1er janvier 1872, sans condition de délai.

Il en sera de même des voitures et du matériel roulant
expédiés à petite vitesse.

### Art. 2.

A partir du 1er janvier 1872, les dispositions de l'arrêté précité du 12 juin 1866 seront appliquées à toutes les expéditions de petite vitesse effectuées au prix et conditions des tarifs généraux de chaque Compagnie, quelle que soit la série à laquelle elles appartiennent.

### Art. 3.

Provisoirement, les marchandises expédiées au prix et conditions des tarifs spéciaux ou communs de petite vitesse continueront à être transportées sans condition de délai.

### Art. 4.

L'arrêté du 11 avril 1871 continuera à recevoir son exécution pour les expéditions de grande et de petite vitesse en provenance ou à destination des départements occupés par les troupes allemandes, jusqu'à complète évacuation de ces départements.

### Art. 5.

Le présent arrêté sera notifié aux Compagnies de chemins de fer.

Il sera publié et affiché.

Les Préfets, les fonctionnaires et agents du contrôle sont chargés d'en surveiller l'exécution.

Versailles, le 10 octobre 1871.

*Signé* : R. DE LARCY.

———

Un autre arrêté de M. le Ministre des Travaux publics, pris également à la date du 10 octobre dernier, concerne les enlèvements d'office. Il est ainsi conçu :

### Arrêté concernant le camionage d'office des marchandises adressées en gare et non enlevées dans un délai déterminé.

Le Ministre des Travaux publics,

Vu les cahiers des charges qui régissent les concessions de chemins de fer ;

Vu les décisions ministérielles des 16 janvier 1866, 9 décembre 1867, 29 juillet 1870, 23 juin, 26 juillet, 16 août et 4 septembre 1871, lesquelles ont autorisé les Compagnies de chemins de fer à camionner d'office, soit au domicile du destinataire, soit dans un magasin public, les marchandises adressées en gare qui ne seraient pas enlevées dans un délai de cinq jours, ou de deux jours, suivant le cas ;

Vu l'arrêté ministériel du 19 juillet 1871, qui a autorisé les Compagnies de chemins de fer à n'accepter pour Paris les marchandises de petite vitesse livrables en gare, que sous la condition que la déclaration d'expédition désignera un domicile où les Compagnies auront la faculté de camionner d'office celles qui n'auraient pas été enlevées dans un délai de cinq jours ;

Considérant que le camionnage d'office est un des moyens les plus efficaces pour désencombrer les gares ;

Considérant que, dans les circonstances actuelles, il importe de généraliser cette mesure et de déterminer pour toutes les gares de Chemin de fer un délai uniforme à partir duquel les Compagnies pourront user de la faculté du camionnage d'office ;

Considérant qu'il y a lieu, en coordonnant les diverses dispositions arrêtées à cet effet, de supprimer celles qui pourraient gêner le commerce sans présenter un caractère d'intérêt public,

Arrêté :

## ARTICLE PREMIER.

Les Compagnies de chemins de fer sont autorisées, à titre provisoire, à faire camionner d'office, soit au domicile du destinataire, soit dans un magasin public, toutes les marchandises qui, adressées en gare à un point quelconque de leurs réseaux, ne seraient pas enlevées dans les *quarante-huit heures* de la mise à la poste de la lettre d'avis écrite par la Compagnie au destinataire ; les frais de ce camionnage étant calculés d'après les tarifs homologués.

Cette disposition est applicable indistinctement aux marchandises mises à quai ou laissées sur les wagons pour être déchargées par les destinataires.

## ART. 2.

Les décisions ministérielles des 16 janvier 1866, 9 décembre 1867, 29 juillet 1870, 23 juin, 26 juillet, 16 août et 4 septembre 1871, ainsi que l'arrêté ministériel du 19 juillet 1871, sont rapportés.

## ART. 3.

Le présent arrêté sera notifié aux Compagnies de chemins de fer.

Il sera publié et affiché.

Les Préfets, les fonctionnaires et agents du contrôle sont chargés d'en surveiller l'exécution.

Versailles, le 10 octobre 1871.

*Signé :* R. DE LARCY.

*Annexe n° 8.*

# RÉCAPITULATION DES WAGONS

POUR TRAINS A PETITE VITESSE

En service au 1ᵉʳ janvier 1870, dans la Compagnie Paris-Lyon-Méditerranée.

| | | | |
|---|---|---|---|
| Wagons couverts et fermés. | série H, | à 4 roues........................ | 4,245 |
| | série Hf, | do à guérite extʳᵉ et à fr. à vis. | 996 |
| | série Hif, | do à guérite extʳᵉ do | 696 |
| Wagons à bestiaux. | série J, | do ........................ | 5,578 |
| | série Jf, | do à guérite extʳᵉ et à fr. à vis. | 1,416 |
| Wagons tombereaux. | série K, | do ........................ | 1,367 |
| | série Kf, | do et à freins à vis.......... | 440 |
| Wagons plates-forme. | série L, | do ........................ | 1,060 |
| | série Lf, | do et à freins à vis.......... | 119 |
| | série M, | do ........................ | 3,969 |
| | série Kf, | do et à freins à vis.......... | 68 |
| Wagons à goudron | série N, | do ........................ | 30 |
| Wagons à 2 étages. | série O, | do ........................ | 15 |
| Wagons à Maringottes. | série P, | do ........................ | 1,070 |
| | série Pᵇ, | à 8 roues...................... | 7 |
| | série PP, | à 6 roues, .................... | 812 |
| Wagons à charpentes. | série R, | à 4 roues, .................... | 516 |
| | série RR, | à 6 roues, .................... | 16 |
| Wagons à houille. | série S, | à 4 roues...................... | 10,114 |
| | série Sf, | do et à freins à vis.......... | 4,590 |
| | série T, | do ........................ | 3,574 |
| | série Tf, | do et à freins à vis.......... | 500 |
| Wagons à coke. | série U, | do ........................ | 704 |
| | série Uf, | do et à freins à vis.......... | 150 |
| Wagons à ballast. | série V, | à 4 roues, .................... | 1,147 |
| | série Vf, | do et à freins à vis.......... | 147 |
| Wagons destinés au transport des ouvriers de la voie. | série VHf, | do ........................ | 20 |
| Wagons de secours. | série X, | do ........................ | 50 |
| Wagons à double train. | série Z, | à 8 roues...................... | 3 |
| Wagons chasse-neige. | ........ | à 4 roues...................... | 2 |
| Wagons citernes à eau. | ........ | à 6 roues, .................... | 3 |
| | | Total............... | 43,433 |

Soit un total de **43,433** wagons pour un développement de plus de 4,500 kilomètres, ce qui donne une moyenne de 9 wagons 1/2 par kilomètre exploité.

*Annexe n° 9.*

**Lettre adressée le 17 janvier aux exploitants et industriels de la Loire par W. E. FOWLER**

BRUSSELS OFFICES

30, *Bd du Jardin botanique*, 82, *Gower Street*, *W. C.*, *London*.

Monsieur,

J'ai l'honneur de vous informer que, si par suite de la manque considérable de wagons à houille dans ce moment, il pourrait vous convenir d'en commander en Angleterre, que je serai en mesure de vous en faire livrer très promptement plusieurs centaines de wagons, à 10 tonnes, type français, et, au besoin, d'en accepter paiement par trimestre pendant 5 ans.

Recevez, Monsieur, l'assurance de ma considération distinguée.

W. E. FOWLER,

(Grand-Hôtel, Paris.)

— — — — — — — —

*Erratum.* — Page 78, Annexe n° 5, lire : Réponse de la Compagnie du chemin de fer Paris-Lyon au décret du 3 janvier **1872**, au lieu de : au décret du 3 janvier 1871.

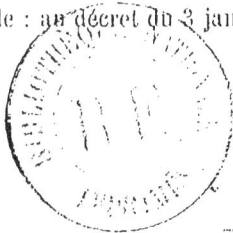

St-Étienne, imp. vᵉ Théolier et Cᵉ

www.ingramcontent.com/pod-product-compliance
Lightning Source LLC
Chambersburg PA
CBHW050604210326
41521CB00008B/1112